*Gebt uns unsere D-Mark zurück!*

1. Auflage Mai 2012
2. Auflage November 2012
3. Auflage Dezember 2012



Umschlaggestaltung: Stefanie Müller
Satz und Layout: Agentur Pegasus, Zella-Mehlis
Druck und Bindung: GGP Media GmbH, Pößneck

ISBN: 978-3-86445-035-8

FSC
www.fsc.org
MIX
Papier aus verantwortungsvollen Quellen
FSC® C014496

*Gerne senden wir Ihnen unser Verlagsverzeichnis*
Kopp Verlag
Pfeiferstraße 52
D-72108 Rottenburg
E-Mail: info@kopp-verlag.de
Tel.: (0 74 72) 98 06-0
Fax: (0 74 72) 98 06-11

*Unser Buchprogramm finden Sie auch im Internet unter:*
www.kopp-verlag.de

Bandulet – Hankel – Ramb
Schachtschneider – Ulfkotte

# Gebt uns unsere D-Mark zurück!

## Fünf Experten beantworten die wichtigsten Fragen zum Staatsbankrott

KOPP VERLAG

# Inhaltsverzeichnis

# Einleitung: Rettet Europa, nicht den Euro!

Prof. Dr. Wilhelm Hankel

## EIN DOPPELTER AUFRUF:

An die Regierungen: Beendet das Euro-Abenteuer!
An die Bürger: Lasst euch nicht verdummen!

Fällt der Euro, dann zerfällt Europa – und mit ihm der Traum von der glücklichen Zukunft unseres alten und noch immer Weltmaßstäbe setzenden Kontinents.

Noch nie in der Geschichte hat eine politische Führung, unterstützt von einer Medienmaschine fachlich teils überforderter oder beruflich abgestumpfter Meinungsmacher (man kann sich die Gründe aussuchen), dem Bürger so massiv eingeredet, er täte besser daran, den eigenen Verstand nicht zu gebrauchen. Soll er doch glauben, dass seine Lebensplanung, sein wirtschaftliches Schicksal und das seiner Kinder nirgendwo besser gesichert sei als in einer Welt bankrotter Euro-Staaten, einer von Tag zu Tag an Wert verlierenden Euro-Währung, längst unglaubwürdiger Versprechen, die überbordenden Staatsschulden und Steuern »demnächst« wieder zu senken, und das alles in der Hoffnung auf eine Staatsschuldenbremse, die schon deswegen niemals greifen kann und wird, weil jeder Kassensturz im europäischen Schuldenregister neue Defizite aufdeckt und neue, die Billionengrenze übersteigende Nachforderungen fällig werden. Europa ist im Griff von Regierungen, die sich für klüger und weitsichtiger halten als ihre unbedarften, tumben Völker. Begreifen diese denn nicht, dass sie mit dem Euro in der besten aller Welten leben und dass es schon deswegen keine »Alternative« (Bundeskanzlerin Merkel) zu dieser geben kann, weil die Kosten des freiwilligen Auszuges aus diesem Paradies diejenigen weit übersteigen, die jetzt zur »Rettung« des Euro gezahlt werden müssen?

Was empört mehr oder stimmt verzweifelter: Die Arroganz einer europäischen Machtelite, die ohne erkennbare Skrupel und Selbstkritik ihr eigenes Wohl (und die Beibehaltung ihrer Pfründe) mit dem europäischen Gemeinwohl gleichsetzt oder der kalte Zynismus einer Finanz»industrie«, die sich für unersetzlich (»systemrelevant«) ausgibt und damit von jeder Schuld, Sühne und Verantwortung für das Schuldendesaster, das sie angerichtet hat, freizeichnet und sich unverfroren jenseits des (nur für andere geltenden) Konkursrechts stellt? Sind doch genügend »Dritte« – Sparer, Steuerzahler – da, die jetzt anfallenden Verluste zu übernehmen, die mit diesem Geschäft verbundenen Spitzengehälter der verantwortlichen Manager (und ihre Boni) eingeschlossen.

Und die Deutschen? Sollten sie nicht endlich akzeptieren, dass sie nach zwei Weltkriegen und einem Völkermord noch immer moralisch verpflichtet sind, Europa Wiedergutmachung zu leisten – auch wenn die Untaten ihrer Großväter mehr als ein halbes Jahrhundert zurückliegen? Haben sie doch wie keine andere Nation vom Euro »profitiert«, wie ihre horrenden Exportüberschüsse (für einen Weltökonomen wie Helmut Schmidt sind sie der wahre Grund für die Defizite der anderen) zwingend beweisen? – Nichts entlarvt die Hohlheit der öffentlich verbreiteten Pro-Euro-Argumente mehr als dieses. Deutschland hat mit der Preisgabe seiner harten, stabilen D-Mark über

Nacht alle mit einer solchen Währung verbundenen Vorteile verloren: den Zins- und den Wachstumsvorsprung der eigenen Volkswirtschaft vor denen der Nachbarn (mit Einführung der Euro-Zeit verwandelte sich Europas ehemalige Konjunkturlokomotive in den Wagen mit dem roten Schlusslicht), den Aufwertungsgewinn für die eigene Bevölkerung und Volkswirtschaft (Karl Schiller nannte ihn eine permanente »Sozialdividende für das deutsche Volk«, der die Kosten- und Wettbewerbssituation der vom Import teurer Rohstoff-, Energie- und Vorprodukte abhängigen deutschen Industrie nachhaltig verbesserte) sowie die magnetische Anziehungskraft des Standortes Deutschland für Auslandskapital und -beteiligungen. Seitdem profitiert das Land nur noch von zwei Punkten: 1) der ungebrochenen Inflationslust der übrigen Europäer und 2) ihrer Unlust, Lohnkostendisziplin zu wahren. Hierin lag und liegt bis heute Deutschlands »Gewinn« aus der Euro-Währung. Vier einfache Wahrheiten widerlegen die von Regierungen, Medien und gekauften Experten (die meisten aus den Reihen der Banken) veröffentlichten Euro-Lügen:

Die erste Wahrheit lautet: Die Währung ist für den Bürger da, nicht dieser für sie. Der Euro steht nicht über seinen Rechten. Weder er noch die bürgerliche Gesellschaft können auf stabiles Geld, das »Metermaß« unverfälschter Leistung und Gegenleistung (und von Schulden), verzichten. Wer es manipuliert, macht sich nicht nur zivilrechtlich schuldig. Er zerstört mit dem falschen Metermaß (der Inflation) nicht nur die Rechnungsgrundlage der Marktwirtschaft, sondern zugleich ihre sittliche, rechtliche und soziale Geschäftsgrundlage. Er degradiert sie zum Spielkasino und beraubt sie ihrer Effizienz. Genau das tut eine ihrem Auftrag Hohn sprechende Europäische Zentralbank (EZB), indem sie Billionen frischer Euro druckt, um alte, bereits zirkulierende Euro zu »retten«. Weder »beruhigt« sie damit (wie sie vorgibt) die Finanzmärkte, noch stabilisiert sie damit (wie sie ebenfalls vorgibt) überschuldete Staaten und Banken, denn diese Schulden lassen sich nicht in »mehr Geld und nochmals mehr Geld« ertränken, sondern einzig und allein durch reale Mehrleistung tilgen und abtragen. Aber gerade dieser Wille zur Mehrleistung wird durch die anhaltende Inflationierung des Euro abgetötet. Keine Währung gewinnt an Wert, wenn man sie für staatliche Ziele und Zwecke instrumentalisiert. Genau das geschieht jetzt und in Zukunft mit dem Euro.

Die zweite Wahrheit lautet: Kein Staat kann es sich leisten, seine nationale Währung durch eine fremde (ausländische, exterritoriale) zu ersetzen, das heißt aus der Währung eine Fremddevise für das Land zu machen. Man stelle sich vor, die USA würden ihren Dollar durch den Rubel, Russland seinen Rubel durch den Dollar ersetzen. Genau das haben die Euro-Staaten ab dem Jahr 1999 mittels des Ersatzes ihrer alten nationalen Währungen durch den Euro getan. Jetzt erleben sie die Folgen dieses undurchdachten Währungsexperimentes: Die innereuropäisch falschen Realzinsen (sie sind bis heute für die einen zu niedrig, für die anderen hingegen zu hoch) und die real falschen, weil festgeschrieben Wechselkurse (ein griechischer Euro = ein deutscher Euro) haben die einen zu Inflation und zur Überverschuldung (des privaten wie öffentlichen Sektors) verführt, die anderen gezwungen, diesen Prozess leichtfertigen Über- und Luxuskonsums in der Südhälfte der Euro-Union ohne jede Korrektur- und Einspruchsmöglichkeit (»systemimmanent«) zu akzeptieren und zu finanzieren. Ist ein schlimmerer Verstoß gegen die Logik und die Gesetze ökonomischer Vernunft vorstellbar? Lange bevor jetzt der »Fiskalpakt« und die mit ihm verbundene Transferunion ins Werk gesetzt worden sind, »funktionierte« diese »kommerzielle« Transferunion der Banken, Geld- und Kapitalmärkte und richtete den Schaden an, den nunmehr die Steuerzahler der wenigen noch nicht bankrotten Euro-Länder (wie Deutschland) begleichen dürfen. Der Fiskalpakt »europäisiert« diesen Schaden, wobei dieses neue Wort nur die Aktualisierung des Begriffes »sozialisieren« ist.

Die dritte Wahrheit aus den oben abgeleiteten lautet daher: Es gibt keinen Ersatz für eine nationale, durch den heimischen Gesetzgeber geschützte und kontrollierte Währung. Die lange Währungsgeschichte kennt kein Währungs»konkubinat« à la Euro (17 Staaten teilen sich derzeit eine Währung), sondern lediglich »Wechselkursunionen«. Alle historischen und zeitweilig erfolgreichen Währungsabkommen zwischen Staaten waren solche: das Weltwährungssystem von Bretton Woods (bis 1973), der Goldstandard des 19. und frühen 20. Jahrhunderts (bis 1931), die Nordische Münzunion der skandinavischen Länder (bis 1933) sowie die von Frankreich geführte Lateinische Münz-Konvention (bis 1926). Und selbst die Vorgänger der Euro-Union, das Europäische Währungsabkommen (EWA) von 1958 und das es ablösende Europäische Währungssystem (EWS) von 1979, beruhten auf Verabredungen über den äußeren Umtauschwert der beteiligten Währungen (Wechselkurs), aber galten niemals dem nationalen Verzicht auf die Währung als »gesetzliches Zahlungsmittel« innerhalb von Staat, Volkswirtschaft und Gesellschaft. Eine Rückkehr zu diesem Zustand wäre alles andere als eine »Katastrophe« (wie der Chorus der Europa-Politiker ebenso lautstark wie einstimmig singt), sondern die Wiederherstellung normaler und konfliktfreier Verhältnisse sowohl in den Staaten der EU als auch zwischen ihnen (gänzlich frei von Demonstrationen gegen das herrschsüchtige Deutschland).

Daraus folgt viertens die Widerlegung einer der aktuellsten (und demagogischsten) Unwahrheiten, nämlich die Behauptung, ein Abbruch der Währungsunion sei nicht nur »unvorstellbar«, sondern auch »unbezahlbar«. Ein solcher Abbruch verursache Kosten (zu fragen ist: bei wem?), die nicht mehr zu verkraften seien: Staatsbankrotte, Bankensanierungen, eine tiefe und lang anhaltende Krise der Realwirtschaft wie vor 80 Jahren, als nach dem »Schwarzen Freitag« (vom Oktober 1929) und dem Zusammenbruch des weltweiten Goldstandards – nach der Pfund-Abwertung vom September 1931 – die westliche Weltwirtschaft kollabierte. Man musste ein gutes Jahrzehnt warten, bis sie »dank« Aufrüstung und Kriegskonjunktur wieder Fahrt aufnahm.

Eine Reise an Europas nördliche Peripherie, zur Insel Thule (Island), würde allerdings zeigen, wie wenig das Damals mit dem Heute zu vergleichen ist. Das kleine Land, das kein Mitglied der Euro-Zone ist, verlor beim Ausbruch der globalen Finanzkrise (in den Jahren 2008/2009) sein gesamtes Bankensystem. Bemerkenswerterweise verzichtete man anschließend auf dessen Sanierung auf Staats- und Steuerzahlerkosten, stattdessen ließ man die verzockten Banken pleitegehen. Die Inlandssparer wurden auf Staatskosten entschädigt, Aktionäre, Auslandsinvestoren (vulgo »Spekulanten«) sowie die verantwortlichen Manager gingen leer aus. (Einige der Auslandsinvestoren reichten Klage ein, wurden aber per Referendum abgewiesen, die Manager vor Gericht gestellt.) Seine überdimensionierten Bankschulden war das Land mit dieser Maßnahme los; sie drohten weder dem Staat noch der Wirtschaft zum Verhängnis zu werden. Der Staat musste sie weder übernehmen noch nachfinanzieren. Die Währung wurde zunächst drastisch ab- und später wieder leicht aufgewertet (und notiert derzeit um 50 Prozent gegenüber dem Stand vor der Krise). Island wird im Jahr 2012 ein Wirtschaftswachstum zwischen zwei und drei Prozent erzielen, das damit höher ist als jenes aller anderen Staaten der Euro-Zone. Islands Staatsanleihen, die inzwischen wieder gehandelt werden, werden mit BBB+ bewertet und kosten den Fiskus um die fünf Prozent pro Jahr, weit weniger also als die Zinsen, die jedes Krisenland der Euro-Zone zahlen muss.

Die moderne Island-Saga lehrt dreierlei: Ein Land mit eigener Währung hilft sich immer selbst; es ist weder auf fremde Unterstützung angewiesen, noch muss es fürchten, seine Staatlichkeit zu verlieren und zum finanziellen Protektorat seiner Helfer abzusinken, seien es nun EU oder IWF. Ein Land mit eigener Währung kann immer den Staatsbankrott vermeiden und durch die (externe) Währungsabwertung ersetzen (was innerhalb der Euro-Zone unmöglich ist). Diese stellt dann die verlorene Wettbewerbsfähigkeit der Volkswirtschaft und die Kreditfähigkeit des Staates wieder her. Das Land bleibt damit unabhängiger und gleichberechtigter Partner der Weltwirtschaftsfamilie; es gewinnt sein »Rating« in der globalen Finanzwelt wieder zurück. So geschah es mit allen Abwertungsländern seit den Tagen der Phönizier. Bleibt abschließend zu fragen: Warum gehen EU und Europapolitik nicht diesen historischen und letztlich immer erfolgreichen Weg der Lösung der europäischen Währungskrise? Weshalb wird die Krise des Euro zum Mittel der Machterweiterung der EU und ihrer Organe missbraucht sowie zur Einschränkung (wenn nicht gar Abschaffung) von Rechtsstaat und Demokratie in den (noch) souveränen Staaten der Europas genutzt? Wem nutzt die Euro-Rettung, und wer verdient wie viel an ihr? Wie ehrlich sind die Argumente eines George Soros, der den Deutschen vorhält, zu wenig für Europa zu tun und noch immer nicht genügend Geld auf dem Altar des alten Kontinents verbrannt zu haben? Meint dieser Meisterspekulant Europas Krisenländer oder seine eigenen Konten? Auf alle diese Fragen antwortet dieses von fünf Autoren verfasste Buch. Jeder Autor trägt ein gewichtiges Wort zur Sache bei und steht für etwas, das in der Euro-Debatte weitgehend fehlt: Sachkunde und Redlichkeit. Es geht nicht um den Euro und seine Rettung »um jeden Preis« (EU-Kommissionspräsident Barroso), sondern um die Interessen des Bürgers. Wie eingangs formuliert: Ihm hat der Euro zu dienen, nicht umgekehrt.

# Euro – der Staatsstreich

Prof. Dr. Karl Albrecht Schachtschneider

## Auf dem Weg in den Einheitsstaat

Der Staat Europa (die Vereinigten Staaten von Europa) ist seit dem Beginn der europäischen Integration deren finales Ziel. Das Ganze war von vornherein der Plan Jean Monnets, dessen Methode die langsame Entwicklung der Integration bis hin zu diesem Ziel war und ist, mit anderen Worten also der sich lang hinziehende Staatsstreich. Um diesen Plan zu realisieren, müssen die Nationalität und die Souveränität der Völker Europas überwunden werden. Das Ergebnis soll nicht einmal der Bundesstaat Europa sein, sondern der Einheitsstaat, der unvermeidlich mangels demokratischer und rechtsstaatlicher Strukturen eine bürokratische Diktatur – geführt von einer Elite der Wirtschaft, der Politik und der Medien – sein wird. Die Bürger der Völker Europas werden Untertanen dieses Herrschaftssystems sein – Arbeiter und Verbraucher, die letztlich nur mit begrenzten Lebensrechten ausgestattet sind, die gerade so weit reichen, dass sie den Herrschaftsinteressen genügen. Alle Maßnahmen und Zielsetzungen, die durch die politische Klasse ergriffen beziehungsweise vorgegeben werden, gehen genau in diese Richtung. Die Bürger, die sich aufgrund dieser Entwicklung zur Wehr setzen, werden ins Unrecht gesetzt. Dafür sind wirksame Strategien entwickelt worden, etwa der »Kampf gegen rechts«.

Aber die Souveränität der Völker ist unaufhebbar, weil ein Staat Europa, wenn er demokratisch sein soll, ein Volk Europas voraussetzt. Dieses gibt es nicht. Es kann nur entstehen, wenn die Veränderung der Bevölkerungen durch Zuwanderung die Eigenständigkeit der europäischen Völker aufgehoben haben wird. Genau diese Strategie ist Teil der Integrationspolitik, aber sie erfährt so viel Widerspruch, dass sie auf absehbare Zeit keinen hinreichenden Erfolg verspricht. Die europäischen Völker haben sich bisher nicht in dem Maße vermischt, dass ein europäisches Volk entstanden wäre oder aber zu erkennen ist, dass ein solches entstehen wird. Würde in der Europäischen Union über ein Verfassungsgesetz abgestimmt, das die Union zum Staat im existenziellen Sinne und damit die Europäer der Union als Volk konstituieren wollte, hätte ein solches Projekt keine Chance. Aber es gibt viele Strategien, um zum gewünschten Ziel zu gelangen. Eine der wichtigsten ist die einheitliche Wirtschafts- und Währungsordnung, der Binnenmarkt und der Euro. Der Binnenmarkt wurde geschaffen, unter anderem dank einer staatsstreichhaften Entscheidung des Europäischen Gerichtshofs, der bereits im Jahr 1963 entgegen dem völkerrechtlichen Status des Vertrages über die Europäische Wirtschaftsgemeinschaft die Vereinbarungen über die sogenannten Grundfreiheiten – Warenverkehrs-, Dienstleistungs-, Niederlassungsfreiheit und Arbeitnehmerfreizügigkeit – für unmittelbar anwendbar erklärt hatte und somit jedem Unternehmen und jedem Bürger ein subjektives Recht gegen seinen Staat zugestand, die Einhaltung dieser Grundfreiheiten durchzusetzen.

Diese Vereinbarungen sind äußerst allgemeiner Natur, wie das für Absichtserklärungen in völkerrechtlichen Verträgen üblich ist, deren innerstaatliche Anwendbarkeit von der Transformation in staatliches Recht abhängt, also von der Politik des Einzelstaates, und damit nicht erzwingbar ist. Der Gerichtshof hatte damit die Hoheit über die Wirtschaftsordnung der Mitgliedstaaten an sich gezogen, denn die Regelungen wurden derart weit gefasst, dass man jede nationale Wirtschaftsregelung an ihr scheitern lassen konnte. Falls nämlich beispielsweise eine nationale Regelung den Import oder Export von Waren oder Dienstleistungen oder die Niederlassung in einem anderen Staat als dem Heimatstaat weniger »attraktiv« macht, ist sie verboten. Sie kann nur durch zwingende Interessen des allgemeinen Wohls gerechtfertigt werden. Darüber entscheidet aber nicht auf demokratischer Basis der Einzelstaat, sondern obrigkeitlich der Europäische Gerichtshof. Die verheerende Kapitalverkehrsfreiheit wurde 1994 in diese Judikatur einbezogen. Damit hat der Europäische Gerichtshof das Gemeinschaftsrecht von Völkerrecht in Staatsrecht gewandelt und funktional bereits die Gemeinschaft in einen Staat umstrukturiert. Diesen Staatsstreich hat kein Mitgliedstaat infrage gestellt und kein Gericht auf die Verfassungsmäßigkeit hin geprüft. Das Urteil wurde vielmehr als Schritt in die richtige Richtung gefeiert.

Es gibt weitere Urteile, mit denen der Gerichtshof, der Motor der Integration, Macht für sich und die Unionsorgane usurpiert hat. Dazu gehört etwa die »Erkenntnis« einer ausschließlichen Zuständigkeit der Gemeinschaft für die Handelspolitik, also die existenzielle Außenwirtschaftspolitik (obwohl sich das Gegenteil aus dem Vertrag ergab). Dies geschah mit dem Argument der »implied powers«, der implizierten Befugnisse aus dem Zweck des Binnenmarktes.

Ich kann auf diese und andere Schritte des Staatsstreichs gegen die Völker nicht näher eingehen. Ich habe wesentliche Gesichtspunkte in meiner Schrift zur *Wirtschaftsverfassung der Europäischen Union*, 2010, ausgeführt. Die Strategie wird fortgesetzt. Ein wesentlicher Hebel, illegitim und illegal den Staat Europa herbeizuführen, ist die Politik der einheitlichen Währung, und zwar seit Beginn der Integration. Die Geschichte der Währungspolitik der Union kann ich hier nicht erörtern. Ich beschränke mich auf die allgemeinen Aspekte der aktuellen

Maßnahmen der Euro-Rettung. Sie setzen den langgezogenen Staatsstreich fort und versprechen Erfolg, trotz des wirtschaftlichen Scheiterns des Euro-Projekts.

## Ökonomische Fragwürdigkeiten des ESM

Auf die ökonomischen Fragwürdigkeiten des permanenten Europäischen Schutzmechanismus ESM und die rechtlichen Bedenken gegen diese »internationale Finanzinstitution« kann ich nur hinweisen. Der Zweck des ESM ist nach Art. 3 des Vertrages, »Finanzmittel zu mobilisieren und ESM-Mitgliedern, die schwerwiegende Finanzierungsprobleme haben oder denen solche Probleme drohen, unter strikten, dem gewählten Finanzhilfeinstrument angemessenen Auflagen eine Stabilitätshilfe bereitzustellen, wenn dies zur Wahrung der Finanzstabilität des Euro-Währungsgebiets insgesamt und seiner Mitgliedstaaten unabdingbar ist. Zu diesem Zweck ist der ESM berechtigt, Mittel aufzunehmen, indem er Finanzinstrumente begibt oder mit ESM-Mitgliedern, Finanzinstituten oder sonstigen Dritten finanzielle oder sonstige Vereinbarungen oder Übereinkünfte schließt.«

Diese Einrichtung, der der unmittelbare und mittelbare Erwerb von Staatsanleihen der hilfsbedürftigen ESM-Mitglieder erlaubt ist, wird, wie schon der EFSF, das elementare Staatsprinzip verletzen, das die Finanzierung fremder Staaten auf Kosten der eigenen Bürger verbietet und dem das Bail-out-Verbot des bisherigen Unionsrechtes Genüge getan hat. Sie wird die Budgethoheit des Parlaments missachten, weil die Kredit- und Gewährleistungsermächtigungen nur einen äußersten Rahmen geben, aber sonst gänzlich unbestimmt sind. Sie wird ein Instrument der Fremdbestimmung hinsichtlich der kreditierten Staaten sein, denen die Souveränität genommen wird, um die Währungsunion zu erhalten. Der ESM wird mit einem Fiskalpakt verbunden, der eine Schuldenbremse einzuführen zwingt, deren Sinnlosigkeit sich schon in Deutschland erwiesen hat und die die betroffenen Volkswirtschaften noch tiefer in die Rezession treibt. Diese Politik wird von einer Staatsfinanzierung durch die EZB mittels inflationärer Geldüberschwemmung begleitet, die deren Stabilitätsauftrag konterkariert. Zudem wird ein illusionärer Euro-Plus-Pakt geschlossen, der die Entwicklung der ohne Schutzmaßnahmen – wie sie etwa eine Abwertung der Landeswährung darstellt – hoffnungslos im europäischen und globalen Wettbewerb unterlegenen Volkswirtschaften fördern soll. Die Schuldenrestrukturierung, der Haircut, wird den privaten und öffentlichen Gläubigern dieser Länder nicht erspart bleiben. Für Griechenland musste schon zu diesem durchaus legitimen Mittel gegenüber den Privatgläubigern gegriffen werden. Diese Aspekte habe ich zum großen Teil in dem Buch *Die Rechtswidrigkeit der Euro-Rettungspolitik* dargelegt. Die Verträge, die jetzt verabschiedet werden, sind gegenüber den Entwürfen als noch verbösert zu bezeichnen. Jetzt gilt es, einen Politikwechsel vorzunehmen und unsere Rechtsordnung wieder herzustellen, die allein die wirtschaftliche Prosperität Deutschlands, aber auch die der anderen Staaten Europas gewährleistet.

## Rechtsbruch und Rechtsschutzverweigerung

Mit dem Vertrag zur Errichtung des Europäischen Stabilitätsmechanismus vom 20. Februar 2012 (ESM) und dem Vertrag über die Stabilität, Koordinierung und Steuerung in der Wirtschafts- und Währungsunion vom 2. März 2012, der meist verkürzt Fiskalpakt genannt wird, will und wird die Europäische Union einen permanenten Schutzmechanismus für die Währungsunion schaffen und diesen mittels des Fiskalpaktes mit einem Haushaltsregime über die ESM-Mitglieder verbinden, das die Mitgliedstaaten zwingt, ihre Verschuldung mittels einer Schuldenbremse einzuschränken und zurückzuführen. Das absurde Argument für diese Politik ist das sonst zu erwartende Scheitern des Euro und damit der Währungsunion ohne politische Union, die neben der Wirtschafts- vor allem eine Sozialunion ist. Diese Entwicklung war jedem, der mit der ökonomischen Gesetzlichkeit vertraut ist, von Anfang an klar.

Wilhelm Hankel, Wilhelm Nölling, Joachim Starbatty und ich haben das in der Verfassungsbeschwerde gegen die Einführung des Euro vom 12. Januar 1998 dem Bundesverfassungsgericht unterbreitet, um das Unglück abzuwenden. Wir haben die Beschwerde 1998 in der Reihe *rororo aktuell* unter dem Titel *Die Euro-Klage. Warum die Währungsunion scheitern muß* veröffentlicht. Das Gericht hat unsere Beschwerde in einem überaus schnellen Beschluss vom 31. März 1998 (BVerfGE 97, 350 ff.) als »offensichtlich unbegründet« zurückgewiesen, um dem politischen Großprojekt die Steine aus dem Weg zu räumen, obwohl die Vertrags- und Verfassungsverletzungen auf der Hand lagen. Es hat Grundrechtsschutz aus der Eigentumsgewährleistung des Art. 14 GG abgelehnt, obwohl es das Stabilitätsprinzip als Gehalt dieses Grundrechts erkannt hat. Aber es hat entgegen 40-jähriger Dogmatik den Bürgern kein subjektives Recht zugestanden, die Wahrung des Rechts in der Währungspolitik einzufordern. Das abwegige Argument des Gerichts war, dass »ökonomische Erkenntnisse und politische Gestaltung« nicht Sache des Rechtsschutzes seien, sondern in der Verantwortung von Regierung und Parlament lägen. Das war ein schwerer Rechtsbruch. Die Politik muss in jeder Sache das Recht achten. Der Primat des Rechts ist Kern des Rechtsstaates. Die Bürger haben gegenüber ihrem

Staat aufgrund ihrer politischen Freiheit, gestützt auf Art. 2 Abs. 1 GG, den allgemeinen Freiheitssatz, in Verbindung mit Art. 1 Abs. 1 S. 1 GG, dem Menschenwürdeprinzip, ein Recht auf Recht, das allerdings vom Bundesverfassungsgericht bisher nicht anerkannt ist. Auch aus dem Anspruch auf Demokratie, den Art. 38 Abs. 1 GG schützt, wollte es das Recht der Bürger, dass der Gesetzgeber sich in den Grenzen des Verfassungsgesetzes, aber auch der verfassungsrangigen Verträge hält, nicht herleiten. Der Euro-Beschluss hat unsere bürgerliche Souveränität missachtet und uns wie alle anderen Deutschen auch majestätisch in die Schranken gewiesen. Souveränität ist Freiheit. Sie wird verletzt, wenn die Bürger ihr Recht nicht verteidigen können.[1]

Nunmehr soll der Strukturfehler der Währungsunion behoben und die politische Union geschaffen werden, die Haftungs-, Schulden- und Finanzunion. Die Transferunion wird geradezu vollendet. Das aber ist endgültig der europäische Bundesstaat, ja der zum Zentralismus führende Unionsstaat, dessen wesentliche Agenda einerseits die Umverteilung des in den Mitgliedstaaten erwirtschafteten Vermögens in der ganzen Union mit dem Ziel einheitlicher Lebensverhältnisse ist, und andererseits die unionsweite Herrschaft der classa politica über die große Menge von Untertanen, Arbeitern und Verbrauchern, sowohl Männer als auch Frauen. Wirtschaftlich ist das nicht zu schultern. Aber es fehlen auch die für eine solche Politik erforderlichen verfassungsrechtlichen Schritte.

Die Politik der Euro-Rettung, zumal der permanente Schutzmechanismus des ESM mit dem Fiskalpakt, verletzt die Staatseigenschaft und Souveränität Deutschlands, die Art. 20 Abs. 1 GG und Art. 146 GG schützen, nicht anders als die der ande-

[1] Dazu demnächst näher meine Schrift *Die Souveränität Deutschlands*, die der Kopp Verlag veröffentlichen wird.

ren ESM-Mitglieder. Auch diese Souveränität ist ausweislich des Lissabon-Urteils des Bundesverfassungsgerichts vom 30. Juni 2009 (BVerfGE 123, 267, Abs. 228, 277, 296) in den Schutzbereich des Art. 38 Abs. 1 GG einbezogen. Der Europäische Finanzstabilisierungsmechanismus (EFSM) und der Europäischen Stabilitätsmechanismus (ESM) schaffen die Finanzunion, die zugleich eine Haftungs-, Schulden- und Sozialunion ist. Sie erweitern die Transferunion, die mittels Direktzahlungen der Union auf Kosten der Nettozahler, Zinssubventionen durch die Währungseinheit, investiven und spekulativem Kapitaltransfer, Zahlungsbilanztechniken des Europäischen Systems der Zentralbanken (TARGET2) und anderen Maßnahmen schon weit entwickelt ist.

Die Transferleistungen Deutschlands in andere Unionsländer berechnet Dieter Spethmann mit zehn Prozent des deutschen Bruttoinlandsprodukts (BIP). Vornehmlich werden die Kosten der Mitgliedstaaten, die über ihr eigentliches Potenzial hinaus mittels Krediten übermäßige Leistungen an ihre Bürger erbracht haben, von anderen Mitgliedstaaten (vor allem Deutschland) übernommen, falls dies von den leistungsschwachen Staaten beantragt wird. Griechenland, Irland und Portugal sahen sich dazu schon gezwungen. Ein derartiger Finanztransfer kommt in einem Bundesstaat in Betracht, wenn er als solidarischer Finanzausgleich der Bundesländer in der Bundesstaatsverfassung oder dem Bundesstaatsvertrag geregelt ist. Jedenfalls ist er Ausdruck eines Bundesstaates, zu dem die finanzielle Solidarität gehört. Die Europäische Union ist richtigerweise zumindest funktional längst ein Bundesstaat. Das Bundesverfassungsgericht hat das aber bisher nicht eingesehen und zuletzt im Lissabon-Urteil in Abrede gestellt (Abs. 228, 277, 296). Es hat aber eingeräumt, dass die Union sich dem Bundesstaat sehr genähert habe, sich an »der Schwelle zum Bundesstaat« bewege (Abs. 263). Der Finanztransfer macht die

Union, abgesehen davon, dass dieser keine Ermächtigungsgrundlage in den Verträgen hat, zum Bundesstaat. Diese Politik verletzt mangels eines dahin gehenden Verfassungsschrittes Deutschlands den Kern der Verfassungsidentität des Landes als Deutschlands Souveränität und damit das Grundrecht der Deutschen aus Art. 38 Abs. 1 S. 1 GG.

Die Öffnung des Verfassungsgesetzes der Deutschen für die Integration Deutschlands als Gliedstaat in einen Unionsbundesstaat oder eben einen Bundesstaat Europa kann und darf ohne Volksabstimmung der Deutschen gemäß Art. 146 nicht erfolgen (Lissabon-Urteil Abs. 179, 228, 277, 296). Eine solche Politik findet, abgesehen von den verschiedenen Verfassungsverletzungen, auch keine demokratische Legitimation durch Gesetze, denen der Deutsche Bundestag und der Bundesrat zugestimmt haben. Die Vertreter des deutschen Volkes sind keinesfalls befugt, einen europäischen Bundesstaat zu praktizieren, dem das deutsche Volk nicht zugestimmt hat. Die Aufgabe der Souveränität des Volkes wie auch der Freiheit der Bürger darf nur mit der Mehrheit von Stimmen des Volkes beschlossen werden, solange ein Volk ein Volk ist. Das sind die Deutschen noch immer, auch wenn das die politische Klasse nicht wahrhaben will.

## Kein Rechtsschutz der Bürger gegen die Euro-Rettungspolitik

Die stetige Euro-Rettungspolitik ist mit fundamentalen Grundsätzen des Grundgesetzes nicht vereinbar. Sie verstößt erstens gegen das Sozial(staats)prinzip. Zu dessen Kern gehört die Verpflichtung des Staates, die wirtschaftliche Stabilität zu wahren und zu fördern. Die Schulden-, Haftungs- und Finanzunion wird zur enteignenden Inflation, wenn nicht zur Währungsreform führen und ruiniert die Stabilität. Zweitens ist die Euro-Rettungspolitik mit dem demokratischen Prinzip unvereinbar. Die Völker werden weiter existenziell entmachtet und entstaatlicht. Der Union, insbesondere dem ESM – wie schon zuvor der Europäischen Finanzstabilisierungsfazilität (EFSF) und noch mehr dem Europäischen System der Zentralbanken (ESZB), die keine demokratische Legitimation haben – wird weitestgehend die schicksalhafte Währungs-, Wirtschafts- und Finanzpolitik übertragen. Drittens ist diese Politik nicht mit dem Rechtsstaatsprinzip vereinbar, weil die Verpflichtungen und finanziellen Belastungen Deutschlands durch die Gewährleistung der Refinanzierung des ESM und die Ermächtigungen der internationalen Gremien so gut wie unbestimmt sind. Viertens ist sie unvereinbar mit der Eigentumsgewährleistung, weil die Vermögen der Deutschen, der Reichen und der Armen, durch die Finanzierung fremder Völker entwertet werden. Fünftens wird das Recht der Deutschen auf Recht, nämlich auf Achtung des Grundgesetzes jedenfalls im Verfassungskern, missachtet.

All diese verfassungsrechtlichen Bedenken sind in den Verfassungsbeschwerden gegen die Griechenlandhilfe und den temporären Rettungsschirm vorgetragen worden und können auf meiner Homepage *KASchachtschneider.de* unter »Downloads« gelesen oder ausgedruckt werden. Ich habe sie auch in meinem Buch *Die Rechtswidrigkeit der Euro-Rettungspolitik*, das im Kopp Verlag erschienen ist, ausführlich dargelegt. Dort ist insbesondere die schwierige Problematik des Grundrechtsschutzes gegen die Euro-Rettungspolitik erörtert worden, von dem das Wohlergehen Deutschlands und Europas abhängt. Weiterhin ist meine Verfassungsbeschwerde gegen den Lissabon-Vertrag für die rechtlichen Grundsatzfragen aufschlussreich, die zu dem wichtigen und weichenstellenden Lissabon-Urteil des Bundesverfassungsgerichts vom 30. Juni 2009 (BVerfGE

123, 267 ff.) geführt hat. Sie ist ebenfalls auf meiner Homepage veröffentlicht. Nach wie vor ist die »Euro-Klage« von 1998 für die Kritik an der Euro-Politik grundlegend, aber auch auf die weiterführende Kritik in dem Buch von Wilhelm Hankel, Wilhelm Nölling, Joachim Starbatty und mir mit dem Titel *Die Euro-Illusion. Ist Europa noch zu retten?*, das 2001 bei *rororo aktuell* erschienen, ist hinzuweisen. Niemandem ist die Gefahr des Euro-Wagnisses verschwiegen worden.

Das Bundesverfassungsgericht hat die Verfassungsbeschwerden der fünf Professoren W. Hankel, W. Nölling, K. A. Schachtschneider, D. Spethmann und J. Starbatty, aber auch die des Bundestagsabgeordneten Dr. P. Gauweiler gegen die Griechenlandhilfe und den temporären Rettungsschirm EFSF durch Urteil vom 7. September 2011 (NJW 2011, 2946 ff.) zurückgewiesen. Es hat den Staatsstreich der politischen Klasse nicht abgewehrt und den Bürgern den gebotenen Rechtsschutz weitestgehend verweigert.

Das Gericht hat die wesentlichen Anträge der Beschwerdeführer (Anträge zu 4 und 11) weder als unzulässig verworfen noch als unbegründet zurückgewiesen, sondern in den Gründen überhaupt nicht behandelt, nämlich die Verordnung der Union zur Einführung eines europäischen Finanzstabilisierungsmechanismus vom 11. Mai 2010 [VO (EU) Nr. 407/2010 des Rates]. Diese Verordnung ist zu Unrecht auf Art. 122 Abs. 2 AEUV gestützt, eine Nothilferegelung in Katastrophenfällen und Ähnlichem, und verletzt auf krasse Weise das Bail-out-Verbot des Art. 125 AEUV, aber auch die Haushaltsdisziplinierungsregelung des Art. 126 AEUV. Der Antrag hat somit die wesentlichen Rechtsfragen des Verfahrens aufgeworfen, das heißt die schweren Rechtsverletzungen der Union in der Euro-Rettungspolitik, die zugleich grobe Vertragsverstöße auch der deutschen Politik sind.

Die Vertragsprinzipien sind dem Gericht nicht fremd. Es

bekräftigt sie, um die Budgetgemäßheit der Währungsunion aufzuzeigen, verliert aber kein Wort über deren Verletzung. Außerdem sind die Anträge, die die Rechtswidrigkeit der Zweckgesellschaft, die die Euro-Rettung administriert, die EFSF sowie die Rahmenvereinbarung darüber betrifft, nicht behandelt worden. All diese Anträge und die diesen zugrunde liegenden Vorgänge sind im Sachverhalt des Urteils dargelegt und können, weil sie zu einem umfangreichen Beschwerdevortrag geführt haben, nicht übersehen worden sein. Dieses Versäumnis ist unfassbar und stellt einen schwerer Rechtsbruch dar.

Wenn das Gericht ohne jede Erörterung wesentliche Erkenntnisse des Maastricht-Urteils vom 13. Oktober 1993, die im Lissabon-Urteil vom 30. Juni 2009 sogar im Leitsatz 4 bestätigt worden sind, aufgeben und in das Gegenteil verkehren wollte, nämlich die verschiedenen Maßnahmen der Europäischen Union im Rahmen der Euro-Rettung nicht mehr als »Hoheitsakte deutscher öffentlicher Gewalt im Sinne von Art. 93 Abs. 1 Nr. 4a GG und § 90 Abs. 1 BVerfGG« einzustufen, gegen die allein Verfassungsbeschwerden erhoben werden können, hätte es das begründen und die Abweichung von der gefestigten und noch 2009 gestärkten Rechtsprechung erklären müssen. Zu derartigen Rechtsakten musste auch und insbesondere die Verordnung der Union zur Einführung eines Europäischen Finanzstabilisierungsmechanismus EFSM vom 11. Mai 2010, die das Gericht insofern im Gegensatz zu verschiedenen anderen Beschlüssen der Union nicht eigens erwähnt, gerechnet werden. So ist auch der mittelbare Erwerb von griechischen Staatsanleihen und der Staatsanleihen anderer Euro-Staaten durch die Europäische Zentralbank (EZB), durch die Griechenland weitgehend finanziert wird – das heißt mit deren Gegenleistung die griechischen Schulden gegenüber den Banken, Versicherungen, Fonds bezahlt werden – in diesen Maßnahmenkatalog einbezogen. Dies sind alles »ausbrechende

Rechtsakte«, die »ultra vires« erfolgen; denn sie verletzen offen das Bail-out-Verbot des Art. 125 AEUV beziehungsweise die Befugnisgrenzen der EZB aus Art. 123 AEUV. Zudem verletzen die Auflagen für Griechenland auch den Mechanismus des Art. 126 AEUV zur Haushaltsdisziplinierung der Euro-Länder und im Übrigen völkerrechtswidrig die Demokratie der Griechen. Gegen solche Akte hatte das Gericht 1993 und erst recht 2009 Grundrechtsschutz durch Verfassungsbeschwerde (Absätze 240 f.) zugesagt und sogar die Prüfungskompetenz bei sich monopolisiert. Im konkreten Fall hat das Gericht das Versprechen nicht eingelöst. Es hätte sonst die Rechtswidrigkeit der Rettungspolitik feststellen müssen. So aber hat es sich insoweit verschwiegen und lediglich angemerkt, dass die »Anwendbarkeit (sc.: der Hoheitsakte) in Deutschland« anderweitig überprüft werden könne. Welche Instanz aber soll das tun, wenn nicht das Bundesverfassungsgericht?

Die Entscheidungsverweigerung des Gerichts ist ein Verstoß gegen das Menschenrecht des fairen Verfahrens aus Art. 5 der Europäischen Menschenrechtskonvention (EMRK) und damit gegen das Rechtstaatsprinzip, das Rechtsschutz in fairen Verfahren zusagt. Dadurch sind der Sache nach die Rechtschutzzusage des Maastricht-Urteils und des Lissabon-Urteils gegen »ausbrechende Rechtsakte« der Union – also Maßnahmen, die die Befugnisse aus den Verträgen überschreiten – ohne jeden Satz der Begründung beseitigt worden.

Den Europäischen Gerichtshof können Bürger gegen Rechtsakte mit allgemeiner Wirkung (bei fast allen handelt es sich um solche), die sie nicht allein (individuell und in besonderer Weise) betreffen, nicht anrufen. Es gibt auch keine Grundrechtsbeschwerde zu diesem Gericht. Hätte das Bundesverfassungsgericht den versprochenen Grundrechtsschutz gegen Hoheitsakte der EU gegeben, hätte es die Rechtsfragen, die sich aus dem Lissabon-Vertrag ergeben, auch dem Europäischen Gerichtshof zur Vorabentscheidung vorlegen können, wenn nicht müssen. Dieses Verfahren hätte viel Zeit in Anspruch genommen und eine Weiterentwicklung der Rettungsunion erheblich verzögert. Aus Angst vor den Finanzmärkten und damit vor dem schnellen Zusammenbruch des Euro-Systems hat das Gericht diesen Weg der Rechtsklärung vermieden und die Rechtsschutzverweigerung vorgezogen.

Wegen dieses Rechtsbruchs im Verfahren oder in der Sache des Gerichts sahen sich die Politiker und viele Medien veranlasst, zu verbreiten, das Gericht habe die Griechenlandhilfe und den Rettungsschirm gebilligt. Davon kann keine Rede sein. Es hat vielmehr den Bürgern den notwenigen Grundrechtsschutz nicht gegeben und/oder die Entscheidung über einen wesentlichen Antrag unterlassen.

Den Grundrechtsschutz aus dem Recht auf Demokratie aus Art. 38 Abs. 1 GG hat das Gericht beibehalten, aber weiter minimiert. Es hat lediglich eine Verletzung dieses Rechts durch die beiden angegriffenen deutschen Gesetze geprüft. Falls das Parlament die Exekutive ermächtigt, Kredite an die hilfsbedürftigen Euro-Staaten zu gewährleisten, hält das Gericht dies, sofern ein äußerster finanzieller Rahmen definiert ist und die Kredite an Vereinbarungen mit den kreditnehmenden Staaten gebunden sind und deren Zweck begrenzt ist, für demokratisch legitimiert und hinreichend bestimmt, selbst wenn die Kredite den Umfang fast ganzer Bundeshaushalte oder mehr erreichen. Quantitative Grenzen hat das Gericht nicht gezogen. Es lässt aber keinen »völkervertraglichen Mechanismus« zu, der Deutschland gegebenenfalls zu Zahlungen in großem Umfang verpflichtet, die »Willensentscheidungen anderer Staaten«, »wenn diese mit schwer kalkulierbaren Folgewirkungen verbunden sind«, auslösen, auf die das deutsche Parlament keinen Einfluss mehr nehmen kann. Schön und gut: Das schließt Euro-Bonds aus und erschwert Regelungen im permanenten

Schutzmechanismus ESM, die sich der jeweiligen Einwirkungsmöglichkeit des Parlaments entziehen. Das ist ein bescheidener, aber für die Finanzmärkte ärgerlicher Erfolg der Verfassungsbeschwerden.

Aber: Der fraktionierte Bundestag, besetzt mit weitestgehend von der Regierung oder anderen an der Euro- und derzeitigen Europapolitik interessierten Kräften (Unternehmen und anderen abhängigen, wenig qualifizierten Abgeordneten), stimmt im Zweifel jeder international, zumal in der EU vereinbarten Politik der Staats- und Regierungschefs zu. Der Bundestag vertritt schon lange nicht mehr das Wohl des deutschen Volkes, sondern eine internationalistische, zumal europäistische Politik, die den Interessen des großen Teils der Deutschen, insbesondere der wenig begüterten Bürger, entgegengesetzt ist. So ist zum Beispiel die Kaufkraft um etwa 50 Prozent geringer, als sie es ohne den Euro wäre. Die Bürger werden durch die geringe Stärkung des Bundestages nicht geschützt.

Das Gericht lässt auch die Zustimmung des Haushaltsausschusses zu den Vollzugsmaßnahmen der Euro-Rettung im Rahmen der (überaus weiten) Ermächtigungen genügen. Das nimmt dem Parlament die Haushaltskompetenz und wertet den Ausschuss gewissermaßen zu einem Verfassungsorgan auf. Jeder Abgeordnete trägt aber die Verantwortung für die Haushaltspolitik – und damit der Bundestag in seiner Gesamtheit. Das Ganze ist ein deutlicher Bruch mit dem Parlamentsprinzip der demokratischen Republik. So kommt im Haushaltsausschuss aufgrund seiner Zusammensetzung nach Fraktionsstärke gegebenenfalls eine Fraktionsminderheit nicht zur Geltung, die aber so stark ist, dass sie die Regierungsmehrheit im Parlament infrage stellt. Ihre Ablehnung von Euro-Rettungsmaßnahmen könnte den Kanzler zur Vertrauensfrage oder gar zum Rücktritt veranlassen, wenn nicht zwingen.

Das Gericht überantwortet mit einer nicht neuen, aber nach

wie vor überzogenen Zurückhaltung gegenüber der Politik von Parlament und Regierung vor allem in der Einschätzung wirtschaftlicher Gegebenheiten, insbesondere »der Wahrscheinlichkeit, für Gewährleistungen einstehen zu müssen« (was unausweichlich ist), der Legislative und Exekutive die schicksalhafte Euro-Rettungspolitik. Es ist aber verpflichtet, die Grenzen der Politik aufzuzeigen, die das Recht zieht, nämlich zum einen die Unionsverträge und zum anderen das Verfassungsgesetz Deutschlands, jedenfalls die Verfassung der Deutschen, also die durch Art. 79 Abs. 3 und Art. 23 Abs. 1 S. 1 GG definierte Verfassungsidentität. Diese gebieten dem Gericht die Verteidigung der demokratischen, rechtsstaatlichen und sozialen Ordnung. Diese wird wesentlich durch die Euro-Politik ruiniert, schlimmer noch, die Euro-Rettungspolitik missachtet das Staatsprinzip und entwickelt entgegen dem Grundgesetz (Art. 146 GG) einen Unionsstaat (unionalen Bundesstaat), der ein neues Verfassungsgesetz Deutschlands voraussetzt, das die Deutschen sich nur kraft eines Referendums geben können. Auch das hat das Lissabon-Urteil klargestellt. Das Gericht hat das aber in diesem Urteil über eine Politik, die die Grenze zum Bundesstaat deutlich überschreitet, verschwiegen und auch insoweit den zugesagten Grundrechtsschutz verweigert. Es widerspricht gerade den Unionsverträgen und damit der Integrationspolitik Deutschlands wie der anderen Mitgliedstaaten der Union, dass, wie das Gericht meint, »die europäische Integration die Bundesrepublik Deutschland nicht nur rechtlich, sondern auch finanzpolitisch bindet«, und erklärt: »Selbst dann, wenn solche Bindungen erheblichen Umfang annehmen, wird das Budgetrecht nicht in einer mit dem Wahlrecht rügefähigen Weise verletzt.« Richtig ist, dass in Art. 125 AEUV jedenfalls für die Währungsunionspolitik die Haftung für die Schulden anderer Euro-Staaten ausdrücklich verboten ist. Das gilt nicht nur für die Mitgliedstaaten, sondern auch für die Union selbst.

Das ist ein Konstruktionsprinzip der Währungsunion, wie das Gericht an anderer Stelle selbst hervorhebt.

Nicht anerkannt hat das Gericht, dass aus dem Recht auf Demokratie des Bürgers auch das Recht des Bürgers folgt, dass der Bundestag bei seinen Beschlüssen das Grundgesetz, jedenfalls den Kern der Verfassung, die sogenannte Verfassungsidentität, einhält. Es lehnt weiterhin eine Rechtmäßigkeitskontrolle der Politik aus diesem Recht des Bürgers auf Demokratie ab. Es ist an sich selbstverständlich, dass ein Vertreter sich im Rahmen der Vertretungsmacht an die Weisungen des Vertretenen hält. Diese »Weisungen« gibt das Volk den »Vertretern des ganzen Volkes« durch sein Verfassungsgesetz. Genauso wenig hat das Gericht das Recht auf Recht der Bürger anerkannt, das auf denselben Anspruch auf Verfassungsmäßigkeit der Politik hinausläuft. Die Euro-Rettungspolitik ist grob verfassungswidrig. Insbesondere verletzt sie mit dem Stabilitätsprinzip das Sozial(staats)prinzip, das Demokratie- und das Rechtsstaatsprinzip, aber auch das Staatsprinzip selbst, dem es widerspricht, dass ein Staat einen anderen Staat finanziert.

Den Verlust der währungspolitischen Zuständigkeit der Mitgliedstaaten der Union durch den Vertrag von Lissabon (Art. 3 Abs. 1 lit c AEUV) hat das Gericht entgegen dem Beschwerdevortrag gar nicht erst erwähnt.

Besonders betrüblich ist, dass das Gericht das Grundrecht auf Stabilität aus der Eigentumsgewährleistung des Art. 14 Abs. 1 GG wiederum – wie schon im Euro-Prozess 1998 – nicht anerkannt hat. Das nimmt den Bürgern, den reichen wie den armen, entgegen dem Fundamentalprinzip des Eigentums den Eigentumsschutz, so den an dem Wert der Renten, der Pensionen, der Transferleistungen, aber auch an den Vermögen, an Sparguthaben usw. Das Gericht geht so weit, den Deutschen Belastungen zuzumuten, wie sie jetzt die Griechen (nur zugunsten der Finanzwirtschaft) erleiden müssen, jede Art von Kürzungen der Einkommen und Staatsleistungen sowie Steuererhöhungen, solange die Gewährleistungen Deutschlands noch refinanzierbar sind. Auf die immense Steigerung der Staatsschulden geht das Gericht nicht ein, auch nicht wirklich auf die Missachtung der Schuldenbremse, die Art. 115 GG seit Langem enthält. Erst wenn die Rettungsmaßnahmen »die Kaufkraft des Euro in erheblichem Umfang« »objektiv beeinträchtigen« sollten, »in Grenzfällen einer evidenten Minderung des Geldwertes durch Maßnahmen der öffentlichen Gewalt«, komme eine Kontrolle einer solchen Politik anhand der »Eigentumsgarantie« in Betracht. Das ist immerhin ein kleiner Schritt in die richtige Richtung. Dass aber eine gut 30-prozentige Kaufkraftminderung längst Wirklichkeit ist und sich verheerend verstärken wird, nimmt das Gericht nicht ernsthaft zur Kenntnis. Ist die Inflation so weit fortgeschritten, dass das Gericht Rechtschutz zu geben bereit ist, sind Vermögen und Wirtschaft längst nachhaltig beschädigt.

Das Recht auf Recht, das die Bürgerlichkeit des Bürgers, dessen freiheitliche Würde, zur Geltung bringt, fand das Bundesverfassungsgericht, das vermeintliche Bürgergericht, keiner Erwähnung wert. Das Gericht hat sich eben zu dem Parteiengericht entwickelt, zu dem Verfassungsorgan, das den Parteienstaat gegen die Bürger genannten Untertanen verteidigt.

Das Bundesverfassungsgericht hat somit die Euro-Rettungspolitik nicht »gebilligt«, nicht ins Recht gesetzt. Es hat stattdessen vielmehr, was besonders bedauerlich ist, den Bürgern den Rechtsschutz verweigert, ja sogar gefestigte Rechtsprechung zum Grundrechtsschutz gegen ausbrechende Rechtsakte der Union umgeworfen, ohne diese Änderung auch nur mit einem Wort zu begründen, entweder explizit oder implizit dadurch, dass die einschlägigen Anträge in einem allgemeinen Satz als unzulässig verworfen wurden, aber nicht argumentativ behandelt worden sind. Die Bürger werden weiter als Untertanen behandelt, die sich jede noch so verheerende Politik der politischen Klasse, zu der auch die Richter dieses Gerichts gehören, gefallen lassen müssen. Es bleibt gegen den Bruch der fundamentalen Prinzipien des Grundgesetzes der Widerstand, zu dem Art. 20 Abs. 4 GG jeden Deutschen berechtigt und sittlich verpflichtet. Das Bundesverfassungsgericht ist nicht (mehr) der Hort des Rechts, dessen Entscheidungen Widerstand erübrigen. Dafür ist es eigentlich eingerichtet. Es hat die Widerstandslage verstärkt, weil es nicht einmal mehr »andere Abhilfe« durch Verfassungsrechtsschutz gegen die Rechtakte ohne Vertragsgrundlage gibt. Widerstand heißt in dieser Lage, dass die Deutschen endlich andere Vertreter in den Deutschen Bundestag wählen als jene Verächter des Volkes, die allein durch ihre fraktionierte Parteilichkeit ihre Gewissenlosigkeit stetig unter Beweis gestellt haben. Aber auch Demonstrationen und letztlich kollektive Arbeitsniederlegungen wären legale Maßnahmen des Widerstandes. Illegale Maßnahmen oder gar Gewaltakte des Widerstandes sind der Bürgerlichkeit der Bürger zuwider. Sie sind nicht nötig und widersprechen dem Friedensprinzip, das über aller Politik steht. (Auch Mahatma Gandhi hat die Rechte der Inder auf friedliche Weise durchgesetzt.) Diese Parteigänger wählen sich im Übrigen auch ihre Verfassungsrichter. Was können die Bürger anderes erwarten als derart apologetische Urteile? Das Urteil vom 7. September 2011 ist ein weiterer Schritt der politischen Klasse in den Unrechtsstaat. Jetzt werden die ökonomischen Gesetze in ihrer Unerbittlichkeit den Schaden immens vergrößern. Joachim Gauck, der neue Bundespräsident, weiß indes schon, dass das Bundesverfassungsgericht Beschwerden gegen den ESM und Fiskalpakt zurückweisen wird. Von ihm ist entgegen seinen Pflichten keine sachliche Prüfung des Zustimmungsgesetzes zu erwarten.

## Die Ausdehnung der Euro-Rettungsmaßnahmen

Nachdem das Bundesverfassungsgericht den Primat des Rechts in der Euro-Politik beiseitegeschoben hat, haben die Euro-Politiker sich ihrer rechtlichen Ungebundenheit rücksichtslos bedient. Der Rettungsschirm ist auf dem Euro-Gipfel zunächst auf 750 Milliarden Euro für »Notmaßnahmen« zugunsten von Euro-Ländern einschließlich der notwendigen »Rekapitalisierung von Finanzinstituten« fast verdoppelt worden. Der EFSF verfügt über ein Volumen von 440 Milliarden Euro gewährleisteter Kreditaufnahme und -ausgaben. Seine Instrumente sind um den »Ankauf von Staatsanleihen am Primärmarkt oder Sekundärmarkt« erweitert worden. Deutschland gewährleistet jetzt gut 211 Milliarden Euro. »Zinsen und Kosten (auf welchen Betrag ist unklar) sind auf den Ermächtigungsrahmen nicht anzurechnen.« »Die Notmaßnahmen werden an strenge Auflagen gebunden …« Diese Maßnahme hat der Deutsche Bundestag am 29. September 2011 mittels des Gesetzes zur Änderung des Stabilisierungsmechanismusgesetzes (EFSF-Gesetz) bei wenigen Gegenstimmen akzeptiert. Der Bundesrat ist einstimmig gefolgt. Wenig später wurde bei dem am 27. November 2011 stattfindenden Euro-Gipfel ein Hebelungsmechanismus des Rettungsfonds beschlossen – der diesem in gewissem Sinne Bankfunktionen verschafft –, weil man wusste, dass der ursprüngliche Fonds für die Finanzierungsbedarfe auch von Spanien und Italien sowie irgendwann Frankreich keinesfalls ausreichen würde. Der erweiterte Rettungsfonds soll die ersten 20 Prozent von Staatsanleihen der Euro-Länder in Finanznot garantieren und des Weiteren Zweckgesellschaften einrichten dürfen, die die Finanzierung der notleidenden Staatshaushalte stützen sollen. Das Risiko, zahlen zu müssen, hat sich dadurch zumindest verfünffacht. Die hierdurch zum Teil durch den Fonds gesicherte Kreditsumme ist nach Abzug der bereits verauslagten Kredite an Irland und Portugal auf etwa 1,3 Billionen Euro erweitert worden. Die Griechenlandhilfe hat der Euro-Gipfel um 100 Milliarden Euro erhöht. Weil die Finanzlage Griechenlands trotz all dieser Gewährleistungen und Direktkredite nicht mehr haltbar ist, wurde mit Vertretern der Gläubiger ein »freiwilliger« Verzicht Letzterer auf 53 Prozent der sich auf 200 Milliarden Euro belaufenden Forderungen gegen Griechenland ausgehandelt, wobei die Gläubiger 50 Prozent der Altforderungen gegen Griechenland in Staatsanleihen mit 30-jähriger Laufzeit (Hellas-Bonds) umtauschen können, für die wiederum der EFSF mit einem Gesamtumfang von 30 Milliarden Euro zu jeweils einem Drittel einsteht – angesichts des vernichteten Markwertes der griechischen Anleihen ein gutes Geschäft. Die Banken sollen im Übrigen ihre Eigenkapitalquote von durchschnittlich fünf Prozent auf neun Prozent aufstocken, was mehr als 100 Milliarden Euro erfordern soll. Im Übrigen sollen sie die Staatsanleihen mit dem Marktwert verbuchen. Die Europäische Zentralbank kauft weiterhin am Sekundärmarkt Staatsanleihen zur Finanzierung notleidender Euro-Länder und hat angekündigt, diese vertragswidrigen und inflationstreibenden Maßnahmen fortzusetzen. Bisher hat sie Staatsanleihen mit einem Nominalwert von mehr als 214 Milliarden Euro übernommen, die kaum noch einen Marktwert besitzen. Sie finanziert zudem die Banken der Euro-Zone, die in Schwierigkeiten sind, durch Ankauf von deren Papieren, was bisher in einem Umfang von etwa 200 Milliarden Euro geschehen ist. Die TARGET2-Forderungen der Deutschen Bundesbank sind auf etwa 616 Milliarden Euro angestiegen. Die EZB hat darüber hinaus am 20. Dezember 2011 den Geschäftsbanken 500 Milliarden Euro mit Dreijahrestendern zu günstigsten Zinsen (ein Prozent) und gegen Sicherheiten zur Verfügung gestellt, die bis dahin in Europa niemals zentralbankfähig waren, bis hin zu schlichten schuldscheinlosen Forderungen. Sieben Notenbanken der Euro-Krisenstaaten hat sie erlaubt, Sicherheiten auf eigenes Risiko zu akzeptieren, das heißt die Kreditbedingungen werden im Währungsverbund unterschieden. Sie hat diese Aktion am 29. Februar 2012 mit 530 Milliarden Euro wiederholt. Die EZB überschüttet mit diesen Maßnahmen die Geschäftsbanken geradezu mit Liquidität und hat damit vorübergehend den Finanzmarkt beruhigen können. Wenn es Rechtschutz gegen die vertragswidrigen Maßnahmen des Europäischen Systems der Zentralbanken (ESZB), die »ultra vires« sind, gäbe, wäre diese Inflationspolitik kaum vorstellbar. Die auf Währung und Wirtschaft bezogene Fallgeschwindigkeit in den Abgrund wird beschleunigt.

## Die Umwälzung der Europäischen Union

Art. 136 AEUV soll um einen Absatz 3 ergänzt werden, der die Europäische Union umwälzt:

»Die Mitgliedstaaten, deren Währung der Euro ist, können einen Stabilitätsmechanismus einrichten, der aktiviert wird, wenn dies unabdingbar ist, um die Stabilität des Euro-Währungsgebiets insgesamt zu wahren. Die Gewährung aller erforderlichen Finanzhilfen im Rahmen des Mechanismus wird strengen Auflagen unterliegen.«

Die Vertragsergänzung wird im vereinfachten Änderungsverfahren nach Art. 48 Abs. 6 EUV durchgeführt. Die Erste Lesung des Deutschen Bundestages zu dem erforderlichen Zustimmungsgesetz hat gemäß § 2 des Integrationsverantwortungsgesetzes am 29. März 2012 stattgefunden. Diese Vertragsergänzung soll der Euro-Rettungspolitik für die Zukunft die Vertragswidrigkeit nehmen und versucht, die bisherigen vertragswidrigen Maßnahmen nachträglich zu legitimieren. Sie relativiert das Bail-out-Verbot des Art. 125 AEUV und eröffnet entgegen Art. 3 Abs. 1 AEUV den Mitgliedstaaten, deren Währung der Euro ist, in besonderen Fällen, die allerdings nicht näher bestimmt sind, wieder die Zuständigkeit für die Währungspolitik. Der Vertragsänderung müssen, weil sie (mittelbar) inhaltlich das Grundgesetz ändert, nach Art. 23 Abs. 1 S. 3 GG der Deutsche Bundestag und der Bundesrat nicht nur mit einfacher Mehrheit, sondern mit Zwei-Drittel-Mehrheit zustimmen. Nach dem Lissabon-Urteil bedarf diese Vertragsänderung (entgegen dem Wortlaut des Vertrages) in Deutschland, wie ich schon angesprochen habe, nicht nur der Zustimmung des Deutschen Bundestages und Bundesrates, sondern, weil der Schulden- und damit Finanzausgleich, den sie ermöglicht, die Union (endgültig) zum Bundesstaat macht, eines neuen Verfassungsgesetzes der Deutschen. Dieses müsste ermöglichen, dass Deutschland seine umfassende Staatsgewalt, seine Souveränität, zugunsten eines Unionsstaates als einem Bundesstaat aufgibt. Nicht mehr »alle Staatsgewalt« würde im Sinne des Art. 20 Abs. 2 S. 1 GG »vom (deutschen) Volke ausgehen«. Zudem wird die Ausübung der Haushaltshoheit Deutschlands von dem Haushaltsgebaren anderer Mitgliedstaaten der Union abhängen. Das geht nicht ohne Verfassungsreferendum des deutschen Volkes, also nicht ohne verfassungsgebende Volksabstimmung, wie das Bundesverfassungsgericht ebenfalls ausgesprochen hat (Absatz 228).

Das Einstehen für Schulden anderer Staaten, das bereits praktiziert wird, ist der endgültige Schritt zum europäischen Bundesstaat, selbst wenn das nur für haushaltliche Notfälle der Euro-Länder vereinbart wird. Spezifisch in Notfällen zeigt sich die bundesstaatliche Substanz einer solchen Schuldenunion. Auf diese Weise sollen der Euro, dessen Zweck immer schon war, die Staatswerdung der Europäischen Union zu erzwingen, und die Union selbst, die manche Politiker in Gefahr sehen (eine unbegründete und unfruchtbare Drohgebärde), gerettet werden. Nicht nur Deutschland müsste sich für den Unionsstaat öffnen, in dem seine Einzelstaaten nur noch Gliedstaaten sind, sondern auch alle anderen Euro-Länder, wenn nicht alle Mitgliedstaaten der Union müssten dies tun, um ihre strukturelle Einheitlichkeit zu wahren. Weiterhin muss der Unionsbundesstaat durch ein Verfassungsgesetz der Union insgesamt gegründet werden, der ein die Politik der Union demokratisch legitimierendes Volk der Unionsbürger verfasst. Das bedarf zusätzlich eines verfassungsgebenden Aktes des neu geschaffenen Unionsvolkes. Richtigerweise bedarf der Schritt in den Unionsbundesstaat zusätzlich der eigenständigen Zustimmung der Völker der (Bundes-)Länder Deutschlands, denn die Länder büßen ihre Souveränität, ihre Eigenstaatlichkeit – nicht anders als der Bund – durch den permanenten Euro-Rettungsschirm weitgehend ein. Sie haben sich durch die Gründung der Bundesrepublik Deutschland, obwohl diese durch ein Verfassungsgesetz, das Grundgesetz, erfolgt ist, nicht als Staaten mit Souveränität des Volkes aufgegeben, sondern die föderale Ordnung Deutschlands nur auf der Grundlage ihrer fortbestehenden Souveränität gemeinsam mit den anderen Ländern verfasst. Die Landesvölker sind damit nicht untergegangen, und die Landesvölker bestimmen ihr politisches Schicksal. Die Bundespolitik darf den Ländern nicht die Eigenstaatlichkeit/Souveränität nehmen.

Die Vertragsergänzung verändert die Europäische Währungsunion in ihrem Wesen. Diese wird von einer Stabilitätsgemeinschaft, die sie sein sollte und nach dem Maastricht-Urteil des Bundesverfassungsgericht vom 12. Oktober 1993 nur sein durfte [BVerfGE 89, 155 (205), auch der Euro-Beschluss vom 31. März 1998 BVerfGE 97, 350 (376)], aber niemals war, zu einer Haftungs- und Schuldengemeinschaft. Sie wird dadurch Finanz- und Sozialunion und erweitert die

Transferunion. Die Voraussetzungen der Währungsunion waren wirtschaftliche Konvergenz und stabile Haushalte der Mitgliedstaaten (Art. 109 j EGV, jetzt Art. 140 und Art. 126 AEUV). Beides entsprach nie der Realität, nicht einmal realistischen Erwartungen. Die neue Ermächtigung stellt die Währungsunion über Haushaltsdisziplin sowie wirtschaftliche und monetäre Stabilität. Die Haushaltsdisziplin sollte zunächst mittels »strikter Bedingungen« durchgesetzt werden, jetzt nur noch durch »strenge Auflagen«. Das hat mangels Automatismus des Regelvollzugs, also nicht politisch abweisbaren Zwanges, noch nie funktioniert. Solange die Mitglieder der Euro-Gruppe über die Anwendung der Haushaltsdiziplin mehrheitlich entscheiden, also Sünder über Sünder befinden und damit diplomatische Rücksichten genommen werden (müssen), sind die Auflagen ein stumpfes Schwert. Allein die harten Marktgesetze, also risikogerechte Zinsen, und/oder der wirtschaftliche Zwang, die Euro-Gruppe verlassen zu müssen, können die Haushaltsdisziplin sichern.

Der »Stabilitätsmechanismus« ist ein Risikopuffer, der die Schulden der Euro-Gruppe zu vergemeinschaften erlaubt und das geradezu aufdrängt. Nicht stabilitätsorientierten Mitgliedern wird Inflationspolitik – etwa durch preistreibende Lohnpolitik – oder Verschuldungspolitik auf Kosten der Haushalte und damit der Wirtschaft der Währungspartner, letztlich deren Steuerzahler und Transfereinkommensbezieher fremder Völker, ermöglicht. Die inflationäre Überschwemmung der Banken mit Zentralbankgeld durch das ESZB – im Dezember 2011 500 Milliarden Euro und im Februar 2012 erneut 530 Milliarden Euro, Dreijahrestender mit einem Prozent verzinsbar – hat den Banken nicht nur ein außergewöhnliches Geschäft durch den Ankauf von Staatsanleihen, die etwa mit fünf Prozent verzinst werden, ermöglicht, sondern durch eine erhebliche Minderung des durch die Finanzmärkte ausgeübten Zinsdruckes auch die Verschuldung weiter gefördert. Weil die Staatsanleihen und jede andere Art von vielfach wertlosen Sicherheiten bis hin zu bloßen nicht verbrieften Forderungen den Zentralbanken zur Sicherheit gegeben werden dürfen, gibt es im Rahmen der außerordentlichen Refinanzierung durch die Zentralbanken keine Grenzen der Staatsverschuldung. Das ist klassische Inflationspolitik zulasten des Vermögens der Bürger – und zwar aller Bürger des Euro-Währungsgebietes.

## Die politische Klasse ruiniert uns

Die Inflation ist längst in Bewegung, zunächst am Vermögensmarkt und am Rohstoffmarkt, wie die Benzinpreise beweisen. Die Vermögen und die Wirtschaft der disziplinierten Völker werden für die der undisziplinierten herhalten müssen. Politischer Einfluss kann nur im Rahmen der Bedingungen, die der Stabilitätsmechanismus zulässt und die das Einverständnis aller beteiligten Staaten finden, genommen werden. Die Schuldenbremsen, die noch nicht greifen und nie greifen werden, werden die Haushaltsdisziplinierung nicht herbeiführen, vor allem weil das Ganze wirtschaftlich nicht geleistet werden kann, aber auch politisch nicht durchgesetzt werden wird. Es spielt keine Rolle, ob die Schuldenbremsen in die Verfassungsgesetze geschrieben werden. Falls sie nicht wieder gestrichen werden, wenn die »Straße« das erzwingt, so werden sie umgangen oder auf andere Weise missachtet werden, wie sich anhand der seit eh und je ignorierten deutschen Schuldenbremse belegen lässt, die der Sache nach immer schon in Art. 115 GG stand, der die Kreditaufnahme des Bundes auf das im Haushaltsplan veranschlagte Investitionsvolumen beschränkt hatte. Zum einen durften zur Abwehr der Störung des gesamtwirtschaftlichen Gleichgewichts Ausnahmen gemacht werden, zum anderen wurde der

Investitionsbegriff derart weit ausgedehnt, dass er keine Begrenzung der Kreditaufnahme mehr zu bewirken vermochte. Jedenfalls sind die Staatsschulden Deutschlands ins Unermessliche – auf über zwei Billionen Euro – gewachsen und steigen vornehmlich durch die Euro-Rettungspolitik weiter. Sie werden ohne große Enteignung nicht beseitigt werden. Die Bürger der einzelnen Staaten sind diesem Mechanismus ohnmächtig ausgesetzt, auch wegen des außerordentlichen Drucks, der auf ihre Regierungen und damit mittelbar auf sie ausgeübt wird. Die gegenwärtige Rettungspolitik liefert beredtes Zeugnis dafür. Die Gebervölker werden genötigt, ihre Wirtschaftsleistungen weitgehend zur Finanzierung der Misswirtschaft anderer Staaten und Völker hinzugeben. Der Stabilisierungsmechanismus ist ein getarnter Ausbeutungsmechanismus, geradezu eine Aufforderung zum »beggar your neighbour«.

Die »Stabilität der Euro-Zone« wird nicht gesichert werden, weil auch diese Schulden-, Finanz- und Transferunion nicht zu dem optimalen Währungsraum wird, der allein eine Währungsunion zu tragen vermag. Ein optimaler Währungsraum setzt die hinreichende Homogenität der Volkswirtschaften in rechtlicher, sozialer und wirtschaftlicher Hinsicht voraus. Sie kann durch Flexibilität des Arbeitsmarktes surrogiert werden. Diese besteht in Sozialstaaten nicht. Robert Mundell hat diese Theorie entwickelt und dafür 1999 den Nobelpreis erhalten. Ohne Abwertungsmöglichkeit sind nicht hinreichend wettbewerbsfähige Volkswirtschaften nicht in der Lage, eine Währung mit im unions- und vor allem weltweiten Wettbewerb überlegenen Volkswirtschaften auszuhalten, es sei denn, dass die Abwertung durch Lohnsenkungen ersetzt wird. Erst eine einheitliche Staatlichkeit eines einheitlichen Staates der Union wird mit der Einheit der Wirtschaft und des Sozialen einer Einheitswährung eine Chance geben. Der eigentliche Zweck des Euro ist denn auch, die Europäische Union zu einer einheitlichen Volkswirtschaft zu zwingen. Ein solcher existenzieller Staat setzt die hinreichende wirtschaftliche und soziale Homogenität der Völker voraus. Ein solcher Unionsstaat der europäischen Völker wird aber nicht nur nicht demokratisch sein, sondern wirtschaftlich niedergehen und verarmen. Ihm fehlt die innere Solidarität der Menschen der verschiedenen Völker, wobei auch geschichtliche und kulturellen Gründe eine Rolle spielen. Die Bereitschaft aller Völker, sich bestmöglich für den Wohlstand des ganzen Euro-Raumes einzusetzen, wird sinken. Eine äußere Solidarität wird man seitens der EU-Verantwortlichen zu erzwingen versuchen, das Ganze wird in einem freiheitswidrigen Sozialismus enden. Anstatt den Versuch der Währungsunion aufzugeben, rennen die Staats- und Regierungschefs seit dem Maastricht-Vertrag gegen die ökonomischen Gesetze an in der Hoffnung, mit einer untragbaren Vergemeinschaftung der Schulden die Voraussetzung für die einheitliche Währung, den optimalen Währungsraum, zu schaffen. Eine Ausnahme bildet der Präsident der Tschechischen Republik, Václav Klaus, ein bedeutender Professor der Volkswirtschaftslehre und ein großer Staatsmann, der durchdrungen ist von dem Freiheitsprinzip.[2] Die verirrten Politiker werden alle beteiligten Volkswirtschaften, auch und vor allem die Deutschlands, ruinieren und ihre Völker ins Unglück stürzen.

Der Grund für die Krise ist nicht bei den Spekulanten zu suchen (diese Behauptung ist eine der Lebenslügen der Euro-Rettungspolitik), sondern er resultiert aus den Schulden der Mitgliedstaaten, die durch die mit der Einheitswährung verbundenen Zinssubventionen und die markt- und leistungswidrigen Zinsen wettbewerbsschwacher Länder angereizte kreditäre Geldvermehrung der Banken erst möglich geworden

---

[2] Vgl. V. Klaus: *Europa? Ausgewählte Reden, Vorträge und Texte des Präsidenten der Tschechischen Republik 2005–2010*, 2011.

sind. Die grenzenlose Kapitalverkehrsfreiheit[3] hat die Kapitalinflation möglich gemacht und stellt den schwersten Fehler der internationalen Politik dar. Die fundamentalen Unterschiede der europäischen Volkswirtschaften können nicht durch die Euro-Rettungsmaßnahmen ausgeglichen werden, es sei denn durch allseitige Nivellierung, die im Übrigen längst in Gang ist. Der noch in den 70er- und 80er-Jahren des vergangenen Jahrhunderts ausweislich des Pro-Kopf-Einkommens der Deutschen vorhandene deutliche Wohlstandsvorsprung in Europa ist längst eingeebnet, aber noch nicht die wirtschaftliche Überlegenheit der deutschen Industrie, zumal des starken Mittelstandes, gegenüber den weitgehend agrar- und tourismuswirtschaftlichen Mitgliedstaaten des Südens der Union, die keine oder nur in Teilbereichen eine international wettbewerbsfähige Industrie aufgebaut haben. Das ist wesentlich eine Frage der Eigenart des ganzen Volkes, aber auch eine Frage der wirtschaftlichen Lage und der politischen Verhältnisse, gewissermaßen eine Frage des Volksschicksals. Deutschland schickt sich mehr und mehr an, sich in seine neue Rolle einzufügen beziehungsweise wird in sie hineingedrängt.

Bestimmend ist die global wirksame, geradezu religionshafte Ideologie der Gleichheit aller Untertanen, der Egalitarismus, der eine Unterschiedlichkeit der Lebensverhältnisse und eine Unterschiedlichkeit der Völker nicht mehr zulassen will. Die kapitalistische, politische und mediale Klasse gehört nicht zu den Opfern. Sie herrscht und weiß sich ihren Wohlstand zu

---

[3] Dazu K. A. Schachtschneider: *Grenzen der Kapitalverkehrsfreiheit*, S. 253 ff.; ders.: *Verfassungsrecht der Europäischen Union, Teil 2: Wirtschaftsverfassung mit Welthandelsordnung*, 2010, S. 111 ff., 624 ff.; kritisch schon W. Nölling: *Unser Geld. Der Kampf um die Stabilität der Währungen in Europa*, 1993, S. 221 ff., der sich damals schon für die Tobin-Steuer eingesetzt hat, um die spekulative Kapitalmobilität zu dämpfen.

sichern. Das Geschäft der politischen und auch medialen mit der wirtschaftlichen kartellierten Elite[4] funktioniert. Die eine Seite fördert die Gewinne der anderen: Politiker, die gut mit der Wirtschaft zusammengearbeitet haben, werden nach dem Ausscheiden aus ihrem Amt reichlich entlohnt, gegebenenfalls mit gut bezahlten Aufgaben in der Wirtschaft, die keine besondere Befähigung voraussetzen. Das Prinzip ist die Gegenseitigkeit in der Elite, das do ut des. Die Opfer sind die Untertanen, auch Arbeitnehmer und Verbraucher, Menschen im Lande oder heuchlerisch gar Bürger und Bürgerinnen genannt. Deren Lasten werden erhöht und deren Einkommen werden geschmälert. Ohne diese ebenso elitäre wie egalitäre Gleichheitsideologie ist die Euro-Rettungspolitik mit all ihren staatswidrigen Maßnahmen nicht zu begreifen. Aber sie ist noch immer verfassungswidrig und ökonomisch zum Scheitern verurteilt.

Die von internationalistischer Ideologie bestimmte Politik wird stetig von den oligarchischen und wirtschaftlich abhängigen sogenannten Leitmedien propagiert. Ihr entsprechen längst auch die wesentlichen politischen Strukturen in der Europäischen Union und zunehmend in der Welt, nämlich die demokratiefernen Absprachen der weitgehend von der Großindustrie und der Großfinanz gesteuerten politischen Führer, vor allem der meisten Staats- und Regierungschefs. Zugleich fördern diese Strukturen die internationalistische und egalitäre Politik. Sie treffen allerdings auf Verhältnisse, die nicht zu der Ideologie passen und die sich nicht leicht, wenn überhaupt, anpassen lassen. Die dahin gehenden Kraftakte, zu denen die Novellierung des Art. 136 AEUV gehört (der bezeichnenderweise durch einen Beschluss der Staats- und Regierungschefs der Europäischen Union, näherhin des Europäischen Rates

---

[4] Dazu E. Herman: *Das Medienkartell. Wie wir täglich getäuscht werden*, Kopp Verlag, 2012.

zustande kam), sind ideologiegemäß, aber wirklichkeitsfremd. Sie sind zudem nicht demokratisch legitimiert. Aber die Europäische Union ist längst nicht mehr demokratisch oder gar rechtsstaatlich. Sie ist eine bürokratische Diktatur und zeigt das erneut durch die Einführung dieser Ermächtigung.

Die Parlamente, die allenfalls noch einen Schein von Demokratie beitragen, beweisen mit ihrer Zustimmung zu dieser autonomen Vertragsänderung ihre Ohnmacht, aber auch ihren ideologischen Integrationseifer. Vor allem der Deutsche Bundestag in seiner übergroßen Mehrheit gibt ein besonders markantes Beispiel dafür ab. Die Abgeordneten erhoffen sich durch ihre Zustimmung die Zugehörigkeit zur Elite und irgendwann nach der »politischen Karriere« reichen Lohn seitens der begünstigten internationalen Unternehmen, die Vorstands-, Aufsichtsratsposten oder Beratungsaufträge zu vergeben haben. Volksvertreter im substanziellen Sinne sind die meisten Abgeordneten, die allein ihren eigenen Vorteil im Sinn haben, schon lange nicht mehr. Das Verhältniswahlrecht des Parteienstaates ist dermaßen repressiv, dass das Volk keinen relevanten Einfluss mehr auf die Auswahl der Abgeordneten hat.[5] Darum nehmen zunehmend weniger Bürger an der Wahlfarce teil. Jüngst hat die Piratenpartei ohne irgendwelche politische Befähigung und mit verfassungs-, ja menschenrechtswidrigen Postulaten spektakuläre Wahlerfolge erzielt, die wohl weitgehend durch die Stimmen von Protestwählern verursacht wurden. Das deutsche Volk und auch andere Völker der Union wagt man nicht um ihr Einverständnis hinsichtlich der europäischen Integrationspolitik zu bitten, schon gar nicht, seit der Verfassungsvertrag in Frankreich und den Niederlanden 2005 in Volksabstimmungen (die die Politik mittels des Lissabon-Vertrages zutiefst undemokra-

[5] Vgl. H. H. von Arnim: *Das System. Die Machenschaften der Macht*, 2004, S. 60 ff., 256 ff.

tisch überspielt hat) abgelehnt wurde. Eines weiteren Beweises für die Illegitimität des Elitenprojekts »Euro und Europäische Union« bedarf es eigentlich nicht. Die einzige Sorge der Integrationspolitiker ist, dass das Bundesverfassungsgericht ein Referendum über ein neues Verfassungsgesetz Deutschlands als Voraussetzung der stetigen Euro-Stabilisierungspolitik vorschreiben könnte. Die Sorge ist hoffentlich begründet. Die Mitglieder des Gerichts sind an sich sorgfältig auf ihre innere Abhängigkeit von den ideologisierten Parteien ausgewählt und in die politische Klasse, die das Volk unterdrückt, eingebunden, aber viele Richter pflegen im Laufe ihrer Amtszeit die Unabhängigkeit zu entwickeln, die ihr Amt, das sie im Namen des Volkes ausüben, erfordert. Genau das lässt hoffen.

## Der unbestimmte Weg zur politischen Union

Die neue Ermächtigung hebt das Bail-out-Verbot des Art. 125 AEUV für den »unvermeidlichen Fall« auf, dass die »Stabilität der Euro-Zone abzusichern« ist, oder – nach der Neufassung – »wenn dies unabdingbar ist, um die Stabilität des Euro-Währungsgebiets insgesamt zu wahren«, vorausgesetzt, der Stabilitätsmechanismus ist eingerichtet. Dabei wird »die Gewährung aller erforderlichen Finanzhilfen im Rahmen des Mechanismus strengen Auflagen unterliegen«. Diese Ermächtigung ist allzu offen, geradezu unbestimmt. Sie stellt die klare Vertragsregelung des Art. 125 AEUV zur politischen Disposi-tion und ist damit rechtsstaatswidrig. Die Stabilität der Euro-Zone ist stetig abzusichern. Das System der Europäischen Zentralbanken hat ausweislich Art. 127 Abs. 1 AEUV das vorrangige Ziel, die Preisstabilität zu gewährleisten. Das verlangt auch Art. 88 S. 2 GG. Der Stabilität ist auch die Haushaltspolitik der Mitgliedstaaten verpflichtet. Diese Verpflichtung soll der Fiskalpakt verstärken, freilich mit illusorischen Postulaten, deren Befolgung den Niedergang der betroffenen Volkswirtschaften verschärft.

Die Neuregelung besagt, der »Stabilitätsmechanismus« könne geschaffen werden, wenn das nötig erscheint. Dabei ist in keiner Weise definiert, welcher der Stabilitätsmechanismus sein soll. Zurzeit wird mit dem ESM ein klares Konzept des Haftungs-, Schulden- und Finanzausgleichs verfolgt, aber es sind auch gänzlich andere Konzepte und Instrumente vorstellbar. Schließlich ist auch die gegenwärtige Ordnung der Währungsunion, die sich freilich nicht bewährt hat, ein Stabilitätsmechanismus. Wenn somit eine andere Politik, als sie vertraglich geregelt ist, von den Mitgliedstaaten, deren Währung der Euro ist, im Interesse der Stabilität der Euro-Zone als notwenig angesehen wird, können diese eine solche vereinbaren. Sie sind dann nicht mehr an das Bail-out-Verbot des Art. 125 AEUV gebunden. Die Vertragsänderung stellt die Mitgliedstaaten von der Bindung frei, die sie in der Krise ohnehin ignoriert haben, genauso wie sie seit Bestehen der Währungsunion den Stabilitätsmechanismus des Vertrages, nämlich die vereinbarte Haushaltsdisziplin als systemische Grundlage der Stabilität der gemeinsamen Währung, missachtet haben. »Strenge Auflagen« sind nicht definiert, sind somit beliebig oder eben Sache der Vereinbarung. Sie werden nicht dadurch rechtstaatlich bestimmt, dass sie ein »makroökonomisches Anpassungsprogramm« enthalten sollen. Damit stehen auch die Vertragsregelungen über die Haushaltsdisziplin des Art. 126 AEUV, die auch niemals eingehalten wurden, zur politischen Disposition. Die Regelung gewinnt nicht dadurch an Bestimmtheit, dass die Auflagen »streng« sein müssen. Es ist weder gesagt, dass sie rechtlich verbindlich, noch dass sie sanktionsbewehrt sein, noch dass die Kredite gesichert, noch dass die Kreditnehmer angemessene Kreditzinsen zahlen müssen, noch dass auch Haushaltszuschüsse gezahlt werden können und viele andere denkbare Varianten.

Art. 136 Abs. 3 AEUV n. F. ändert die deutschen verfassungsrechtlichen Verhältnisse, weil er Deutschland finanz- und haushaltsrechtlich und damit wesentlich zum Gliedstaat eines Euro-Bundesstaates macht, was aber verfassungswidrig ist. Die internationale Finanzinstitution ESM ist als zwischenstaatliche Organisation zwar nach Art. 32 ESM-Vertrag rechtlich selbstständig und durch diese Vereinbarung im Rahmen ihres Zwecks und ihrer Aufgaben mit außerordentlichen Vorrechten ausgestattet, aber doch in die Europäische Union integriert, wie die Gewährleistungspflichten der ESM-Mitglieder für die Kredite des ESM erweisen. Der EFSF ist demgegenüber als privatmäßige Zweckgesellschaft keine völkerrechtliche Organisation. Der ESM hat dennoch kein eigenes Schicksal. Er verstärkt somit den Status der Union als Bundesstaat. Schließlich ist intendiert, dass alle Mitgliedstaaten der Union den Euro einführen und an dem Mechanismus teilnehmen. So sollen auch alle Mitgliedstaaten der Union Partner des Fiskalpaktes sein. Tschechien und Großbritannien, die beiden Länder mit praktischer Vernunft und vor allem Souveränitätsbewusstsein, wollen sich allerdings nicht beteiligen. Wenn der ESM einschließlich des Fiskalpaktes dem Recht genügen soll, bedarf es, wie schon hervorgehoben, eines neuen Verfassungsgesetzes, das sich die Deutschen nur nach Art. 146 GG mit einer Volksabstimmung geben können.

Die Ergänzung des Art. 136 AEUV vermag das Vertragswerk der Union nicht zu ändern, erstens, weil die Regelung nicht die erforderliche Bestimmtheit hat, um die genauen Regelungen über die Währungsunion, insbesondere das Verbot des Bail-out und die Vorschriften über die Eigenständigkeit der mitgliedstaatlichen Haushalte und die Disziplin der Haushaltspolitik, zu ändern, zweitens, weil der Charakter der Währungsunion als Stabilitätsgemeinschaft unabhängiger Volkswirtschaften fundamental in eine Schulden-, Haftungs- und Finanzunion und damit die Euro-Mitgliedstaaten in eine einheitliche, freilich unvollkommene, Volkswirtschaft gewandelt wird. Das vermag auch Art. 136 Abs. 3 AEUV n. F. nicht, der das Unionsrecht für den permanenten Schutzmechanismus öffnen soll. Der Vertrag über die Arbeitsweise der Europäischen Union (AEUV) und der ESM-Vertrag stehen in einem scharfen konzeptionellen Widerspruch und können nicht beide zugleich verwirklicht werden. Die Kraft, die Konzeption der Währungsunion des Maastricht-Vertrages von einer Stabilitätsgemeinschaft in eine Schulden-, Haftungs- und Finanzunion, schließlich in eine Inflationsgemeinschaft, eine Geldentwertungsunion, umzukehren, hat die Vertragsergänzung mangels Bestimmtheit nicht, ganz davon abgesehen, dass das eine Union der wirtschaftlichen und politischen Instabilität sein wird. Rechtliche Ausnahmen müssen hinreichend bestimmt sein und dürfen den Grundsatz, von dem sie besondere Fälle ausnehmen, nicht aufheben. Sonst schaffen sie einen Widerspruch zur allgemeinen Regel und sind deswegen nichtig. Die Novelle zu Art. 136 AEUV ist eine Ermächtigung eines Teils der Vertragspartner der Europäischen Union, einen wesentlichen Teil des Gründungsvertrages im Kern zu verändern, also Letzteren für sich nicht mehr gelten zu lassen. Ein Teil der Unionsmitglieder muss die Stabilität durch Haushaltsdisziplin allein wahren und sogar mit kostspieligen Sanktionen nach Art. 126 AEUV rechnen, ein anderer findet ohne hinreichende Haushaltsdisziplin die essenzielle finanzielle Unterstützung der anderen Euro-Länder. Die Regelungen über die verstärkte Zusammenarbeit der Art. 20 EUV und Art. 326 ff. AEUV tragen den Sonderweg nicht. Zum einen muss eine verstärkte Zusammenarbeit die Verträge und das Recht der Union achten (Art. 326 Abs. 1 AEUV), also auch die Ordnung der Währungsunion. Zum anderen darf sie nicht zur Verzerrung des Wettbewerbs zwischen den Mitgliedstaaten führen (Abs. 2 S. 2). Das tut die Finanzhilfe ganz offensichtlich.

Das gilt auch für den unsinnigen Fiskalpakt, für den diese Vertragsgrundlage reklamiert wird, weil der Fiskalpakt zum einen die zur Rezession gezwungenen Länder von der vertragsgebotenen Konvergenz der Volkswirtschaften weiter entfernt und zum anderen Voraussetzungen für die vertragswidrigen Finanzhilfen vereinbart sowie des Weiteren die beteiligten Staaten zu einem Bundesstaat vereint, während die anderen im Staatenverbund verbleiben. Das beendet die Souveränität der ESM-Mitglieder, die den Fiskalpakt zu schließen genötigt sind, obwohl die Souveränität der Mitgliedstaaten trotz aller Übertragung von Hoheitsrechten zur gemeinsamen Ausübung die essenzielle Vertragsgrundlage der Europäischen Union als Staatenverbund ist, wie das Bundesverfassungsgericht zu erklären nicht müde wird [etwa BVerfGE 89, 155 (186 f., 188 ff. – Maastricht-Urteil); 111, 307 (Absätze 33, 35 f. – EMRK-Urteil); 123, 267, Absätze. 223 ff., 231, 247 f., 262 f., 275, 281, 329, 338 ff., 347 – Lissabon-Urteil)].

Die Euro-Länder brechen der Sache nach aus der Europäischen Union der Gründungsverträge aus und schaffen sich durch den ESM-Vertrag eine eigene Union, einen (weiterentwickelten) Bundesstaat, der zwar für die anderen Mitgliedstaaten der Europäischen Union offen ist (Art. 2 Abs. 1 ESM-Vertrag), dies aber freilich nur gilt, wenn sie durch Beschluss des Rates der Europäischen Union gemäß Artikel 140 Abs. 2 AEUV in die Euro-Gruppe aufgenommen worden sind. Dieser neue Bundesstaat hat ein eigenes gemeinschaftliches wirtschaftliches und politisches Schicksal, das im Übrigen letztlich auch zulasten der anderen Mitgliedstaaten geht, die unvermeidlich in den unabwendbaren wirtschaftlichen Niedergang hineingezogen werden.

Nur die Mitgliedstaaten können den Vertrag ändern, nicht allein die Euro-Gruppe, zumal die Ordnung der Währungsunion essenzieller Bestandteil der europäischen Integration ist, ganz abgesehen davon, dass die Stabilitätsordnung ausweislich des Maastricht-Urteils [BVerfGE 89, 155 (205)] Bedingung der Rechtmäßigkeit des Maastricht-Vertrages in Deutschland war und ist. Zwar kann der Stabilitätsmechanismus nach Art. 136 Abs. 3 AEUV n. F. nur durch Vereinbarungen, das heißt völkerrechtliche Verträge, der Euro-Mitglieder geschaffen werden, sodass das Erfordernis parlamentarischer Zustimmung gesichert ist, aber jede dieser Vereinbarungen wird verfassungswidrig sein, wenn und weil sie zu finanziellen Hilfen der einen für die anderen Völker verpflichtet, solange nicht der europäische Bundesstaat auf ein hinreichendes Verfassungsgesetz gestützt ist – denn Art. 136 AEUV in der neuen Fassung ermächtigt, einen durch Art. 125 AEUV verbotenen Schulden- und Finanzausgleich einzuführen. Nur verfassungsgemäße Politik ist jedoch demokratisch legitimiert.

## Die souveränitätswidrigen, ruinösen »strengen Auflagen«

Schon jetzt erweisen sich die »strengen Auflagen« für Griechenland und Portugal, die sich unter den »Rettungsschirm« begeben mussten, als verheerend. Die beiden Länder sind in eine Rezession gezwungen, die ihnen großen Schaden zufügt, im besonderen Maße Griechenland. Widerstand ist die Antwort der Hellenen. Auch Spanien und Italien stöhnen unter den rezessiven Sparmaßnahmen, die auf Druck der Europäischen Union hin national beschlossen wurden, um nicht unter dem vergifteten Schirm »Rettung« suchen zu müssen. Ökonomisch vernünftig wäre es allein, wenn all die insolvenzgefährdeten

Länder aus der Währungsunion ausscheiden, ihre eigene Währung leistungsgerecht bewerten lassen und sich von ihren Schulden zulasten der Banken und anderer Gläubiger ganz oder teilweise lossagen würden. Das ist die normale harte oder weiche Schuldbefreiung insolventer Staaten. Falls die betroffenen Banken dadurch in Schwierigkeiten geraten, folgt das dem Risiko, das diese eingegangen sind. Vornehmlich werden durch die Euro-Rettungsmaßnahmen Banken, Versicherungen und Fonds, auch und insbesondere solche mit staatlicher Beteiligung, vor Schaden geschützt, die im Übermaß Kredite an Staaten und an Private ausgereicht haben, die erwartungsgemäß, ja geradezu zwangsläufig notleidend geworden sind. Keine Bank, keine Versicherung und auch kein sonstiger Gläubiger sind als solche systemrelevant, weil es genug solide Kreditinstitute, Versicherungen usw. gibt, die die Bank- und Versicherungsaufgaben übernehmen können. Durch Insolvenzen notleidend gewordenen Pensionären usw. kann (und sollte) mit geringerem Geldeinsatz geholfen werden. Die Gläubigerstaaten gehen durch den Verlust nicht unter. Das Vermögen der Einleger ist teilweise, wenn auch nicht hinreichend, gesichert. Die außerordentliche Staatsverschuldung lässt über kurz oder lang ohnehin eine entschuldende Währungsreform unvermeidlich werden. Diese Politik wird zur Verarmung großer Massen der Deutschen, aber auch anderer Völker führen. Sie kann Unruhen nach sich ziehen, die entweder in einer Revolution oder in einem Umsturz enden. Die Revolution als Befreiung zum Recht wäre die Auflösung der Europäischen Union, der Umsturz die weitere Festigung der bürokratischen Diktatur derselben.

Der Rechtsverstoß wird durch den ESM als zwischenstaatliche Organisation, die die Kreditierung finanzbedürftiger Euro-Staaten von Vereinbarungen über »makroökonomische Anpassungsprogramme« abhängig machen wird, nicht behoben werden, genauso wenig wie er durch den EFSF behoben wird. Diese Programme, die sich an den Auflagen, die Griechenland, Irland und Portugal zu erfüllen haben, orientieren werden, sind demokratiewidrig und missachten das Selbstbestimmungsrecht der Völker, also deren Freiheit und Souveränität, ausweislich Art. 1 Nr. 2 und Art. 2 Nr. 1 der Charta der Vereinten Nationen, das Fundamentalprinzip des Völkerrechts. An solchen Verträgen darf sich Deutschland, das sich in Art. 1 Abs. 2 GG »zu den unverletzlichen und unveräußerlichen Menschenrechten als Grundlage jeder menschlichen Gemeinschaft, des Friedens und der Gerechtigkeit in der Welt« bekennt, nicht beteiligen, um die Währungsunion zu stützen. Die Währungsunion ist ein ökonomisches Projekt, mit dem illegal ein Unionsbundesstaat erzwungen werden soll. Die Programme missachten insbesondere den Grundsatz der »souveränen Gleichheit« der Staaten des Art. 2 Nr. 1 der UN-Charta, der auch das Recht umfasst, das wirtschaftliche und soziale System selbst zu bestimmen.

Der Internationale Pakt über bürgerliche und politische Rechte, der die genannten Grundsätze der UN-Charta materialisiert, klärt in Art. 1 Abs. 1: »Alle Völker haben das Recht auf Selbstbestimmung. Kraft dieses Rechts entscheiden sie frei über ihren politischen Status und gestalten in Freiheit ihre wirtschaftliche, soziale und kulturelle Entwicklung.« Zudem sind die Gleichberechtigung und Selbstbestimmung der Völker »allgemeine Regeln des Völkerrechts«, die nach Art. 25 GG den Gesetzen vorgehen und auch nicht durch völkerrechtliche Verträge gebrochen werden dürfen. Die Vereinbarungen unterwerfen die Nehmerstaaten einer Wirtschaftsaufsicht, die über bundesstaatliche Prinzipien noch hinausgeht und ihr Vorbild gewissermaßen in der Bismarck'schen Reichsaufsicht nach Art. 4 der Reichsverfassung von 1871 haben, die dem Reich in der Praxis gegenüber den Ländern jedwede Maßnahme erlaubte, die vom Reichswohl gefordert war.[6] Sie sind eine haushaltliche und damit wirtschaftspolitische Sequestration der Verfassungsorgane der hilfsbedürftigen Staaten, die wegen ihrer Unvereinbarkeit mit dem demokratischen Prinzip und dem Rechtsprinzip auch nicht durch Verträge, denen Regierung und Parlament zustimmen, legalisiert werden kann. Die Illegitimität zeigt sich in dem Aufstand des Volkes in Griechenland, aber auch in den Demonstrationen in Portugal, Spanien und Italien gegen eine Knebelung, die allein den Profiteuren der Kreditierung an den Finanzmärkten zugute kommt.

Staatsanleihen werden als sicher behandelt, aber das kann allenfalls für Anleihen des eigenen Staates gelten, schon weil die Politik fremder Staaten sich dem Einfluss des Volkes entzieht, insbesondere die Kriegspolitik, die den Wert von Staatsanleihen ruinieren kann. Gerät ein Staat in Not, so ist es seine Sache, die Notlage gesetzlich zu bewältigen, also die Lasten gerecht zu verteilen. Das ist nicht möglich, wenn ausländische Anleger betroffen sind. Deren Kredite stellen ein anderes Risiko dar, als die Kredite der Inländer, weil sie nicht der Schicksals- und Rechtsgemeinschaft des Staates angehören. Die globale Kapitalverkehrsfreiheit ermöglicht den ausländischen Anlegern, das besondere, aber begünstigte Risiko einzugehen. Diese Einrichtung des internationalen Kapitalismus hat keinerlei Rechtfertigung in einer Welt demokratischer und sozialer Rechtsstaaten[7], jedenfalls rechtfertigt der Einsatz des Kapitals zur kreditären, gewinnorientierten Finanzierung fremder Staaten nicht die Haftungs- und Schuldenübernahme durch dritte

---

[6] Dazu H. Triepel: *Die Reichsaufsicht, Untersuchungen zum Staatsrecht des Deutschen Reiches*, 1917.

[7] K. A. Schachtschneider: *Grenzen der Kapitalverkehrsfreiheit*, S. 253 ff.; ders.: »Demokratische und soziale Defizite der Globalisierung«, 2004, in: *Freiheit – Recht – Staat*, hrsg. von D. I. Siebold/ A. Emmerich-Fritsche, 2005, S. 617 ff.

Staaten. Im Euro-Gebiet sind die Mitglieder, die für die Schulden der insolvenzbedrohten Euro-Staaten einstehen, vielfach die Sitzstaaten der internationalisierten Gläubigerbanken und -versicherungen. Sie hätten den riskanten Einsatz des Kapitals im Ausland keinesfalls zulassen dürfen, wenn die Gläubigerinstitute tatsächlich systemrelevant wären. Die Euro-Länder haben aber den Gläubigerinstituten auch keinerlei Sicherheiten zugesagt, die sie nunmehr zur Haftungsübernahme verpflichten würden.

Der internationale Kapitalismus, ohnehin mit dem demokratischen Prinzip unvereinbar[8], hat den Kapitaleignern und deren Managern außerordentliche Gewinne auf Kosten der Menschen und Völker beschert. Durch die kreditäre Geldmengenerweiterung wurden die Finanzmärkte aufgebläht und inflationieren nun. Die Rückbindung an die Realwirtschaft ist verloren gegangen. Vorstandsgehälter, Boni und Provisionen erreichen sittenwidrige Höhen. Die Renditen sind nicht real erwirtschaftet. Der Zusammenbruch der Kapitalmärkte, die von den Zinsen und Zinserwartungen leben, ist unausweichlich. Diesen auf Kosten der Menschen und Völker abzuwenden oder auch nur zu verzögern, ist nicht minder unsittlich, zumal der Schaden noch vergrößert wird. Es ist schweres Unrecht, dessen sich die politische Klasse schuldig macht. Sie gefährdet durch dieses korrupte Handeln nicht nur die wirtschaftliche, sondern auch die politische Stabilität der Republiken.

[8] K. A. Schachtschneider: »Demokratie versus Kapitalismus«, in: *Zeit-Fragen*, Nr. 24 vom 10. Juni 2002, S. 5 ff.; siehe auch auf Homepage *www.KASchachtschneider.de*, unter »Downloads«.

## Noch einige Anmerkungen zu Griechenland

Die Griechen sind vermögend genug, um die Schulden ihres Landes selbst zu begleichen. Die hellenische Republik verfügt über Grundvermögen in reichlichem Umfang, zudem besitzen die Griechen Privatvermögen, die in ihrer Summe mehrfach die Staatsschulden übersteigen. Schon bis zum Frühjahr 2011 sollen es nach offiziellen griechischen Angaben über 500 Milliarden Euro gewesen sein, die in andere Staaten verbracht wurden. Gold und Silber in den Tresoren kommen dazu, von anderen Sachwerten ganz zu schweigen. Es ist selbstverständlich und rechtlich geboten, dass das ganze griechische Volk für die Schulden einsteht, die es durch seinen Staat verursacht hat. Das Volk ist der Staat, sonst niemand. »Wir sind das Volk.« Der Satz der Deutschen ist auch für die Griechen richtig, er gilt für alle Völker und Staaten. Die fahrlässige, wenn nicht gar vorsätzliche Verschwendung und die korrupte Verteilung des Vermögens rechtfertigt keine Entlastung der Bürger. Fremde Völker für die eigenen Schulden in Anspruch zu nehmen, ist skandalös. Systemrelevant ist der Staat; der der Griechen ist in schlechter Verfassung, was nicht heißt, dass die andern Euro-Staaten in guter Verfassung wären. Das aber ist Sache der Völker. Jedenfalls können diese für ihre Wirtschaftslage nicht andere Völker haften lassen. Die Währungsunion kann und darf nicht Staaten und Völker zusammenbinden, die nicht zusammengehören.

Mit all den Maßnahmen der Finanzierung fremder Staaten verletzen die Integrationisten das demokratische Prinzip und damit die Souveränität der Völker. Zum einen sind die Maßnahmen der Union vertragswidrig und zudem verfassungswidrig, weil sie »ultra vires« sind, ausbrechende Rechtsakte, die von dem Vertragswillen der Völker nicht getragen sind. Zum anderen sind die Maßnahmen der Mitgliedstaaten staatswidrig, weil die Finanzierung fremder Staaten mit dem Staatsprinzip unvereinbar ist. Ein Volk organisiert sich in einem Staat, um sein Schicksal, das gute Leben aller Bürger in Freiheit, zu meistern, nicht aber, um mit seiner Arbeit fremde Staaten zu finanzieren. Eine Politik, die dem Volk die Finanzierung fremder Staaten – mögen diese auch in einem Staatenverbund eng miteinder verbunden sein – abverlangt, zumal gegen die Verfassung und die Verträge des Verbundes, beutet das Volk nicht nur aus, sondern kann sich nicht auf den Willen der Bürgerschaft berufen. Meinungsumfragen ersetzen keine verfahrensgerechte Willensbildung, abgesehen davon, dass das deutsche Volk die Politik der Finanzunion mit großer Mehrheit und in aller Klarheit ablehnt. Aber die mit der Finanzunion verbundene Bevormundung der subventionierten Völker ist mit der Souveränität als der Freiheit dieser Völker gänzlich unvereinbar. Diese nehmen zwar die Hilfen entgegen, die ihnen freilich auch wegen der unionalen Großstaatspolitik aufgezwungen werden, wehren sich aber gegen die Entmündigung. Das Vertrauen in die Haushaltsdisziplin der Mitglieder des Euro-Verbundes, das Grundlage der Währungsunion des Maastricht-Vertrages war, ist ruiniert. Das Kontrollinteresse der Geber über die Nehmer ist wohl begründet, aber unverbesserlich demokratiewidrig, staatswidrig, souveränitätswidrig. Die Souveränität sowohl der Geber- als auch der Nehmerländer steht der Euro-Politik entgegen. Souveränität ist Freiheit. Es gibt keinen wirtschaftlichen Grund, die Freiheit beiseitezuschieben. Es gibt dafür auch keinen politischen Grund. Politik hat nur eine Aufgabe: Das Recht zu verwirklichen und mit dem Recht die Freiheit. Hinzu kommt, dass diese Euro-Politik auch wirtschaftlich gescheitert ist und niemals eine Erfolgschance hatte oder haben wird. Der einzige Weg, sie durchzusetzen, ist die Diktatur. Die wird jetzt nolens volens ins Werk gesetzt. Das ist die Widerstandslage.

## Es droht die wirtschaftliche und politische Katastrophe

Ein Verfassungsbruch folgt dem anderen. Die politische Logik des lang gezogenen Staatsstreichs ist unausweichlich. Nachdem die Griechenlandhilfe und der zunächst bis 2013 befristete Rettungsschirm EFSF die parlamentarischen Hürden spielend genommen haben, ist die Regierung erwartungsgemäß, wenn auch entgegen früheren Beteuerungen, den weiteren Schritt zum stetigen Finanzausgleich durch Haftung für die Verbindlichkeiten der überschuldeten Mitglieder der Euro-Zone gegangen. Auch der neue Fonds ESM wird nicht reichen, um die vielen Billionen Verbindlichkeiten der Euro-Staaten zu bedienen. Im Bundesrechnungshof, im Wissenschaftlichen Dienst und in den Fraktionen des Bundestages selbst haben sich Bedenken geregt, recht spät, aber immerhin. Die schweren Vertrags- und Verfassungsverstöße waren in den Beschwerden der fünf Professoren vom Mai und Juli 2010 nachzulesen. Aber das Parlament wird trotz der Überforderung Deutschlands letztlich mitziehen. Sein Einfluss auf die Europapolitik ist in der Integrationsideologie der Parteien erstickt, die auf einen Unionsstaat mit einheitlichen Lebensverhältnissen hinausläuft, also die reale Bundesstaatlichkeit der Union vertieft, entgegen der Verfassung, der wirtschaftlichen Vernunft, dem Willen der Völker, entgegen dem demokratischen, dem rechtstaatlichen und dem sozialen Prinzip. Erst die wirtschaftliche und politische Katastrophe wird die politische Klasse wieder zu Verstand bringen. Das Bundesverfassungsgericht hätte längst Rechtsschutz geben müssen, um dem Umsturz ein Ende zu setzen. Aber es zögert. Wenn es die Sache dem Europäischen Gerichtshof, dem demokratiefernen Integrationsmotor, vorlegt, ist Rechtsschutz der Völker nicht zu erwarten. Diese müssen sich selbst zur Wehr setzen. Die Euro-Kläger von 1998 werden sich wie 2010 auch gegen die Weiterführung des Staatsstreichs mittels Verfassungsbeschwerde im Interesse aller Bürger Deutschlands und auch Europas zur Wehr setzen. Sie tun das, um der ökonomischen Vernunft zum Siege zu verhelfen und mehr noch aus Pflicht dem Recht gegenüber, weil sie Bürger sind.

Entweder regieren uns die Gesetze des internationalen Finanzmarktes, deren Leitprinzip die Habsucht ist, oder wir leben nach dem Grundgesetz, einer Verfassung der Freiheit, des Rechts und des Staates. Dieser Widerspruch bestimmt die Politik unserer Tage. Das Grundgesetz ist mehr und mehr Opfer der postnationalen Ideologie, des Europäismus und des Globalismus. Wolfgang Schäuble, der starke Mann der Regierung, agiert im Interesse der Finanzdiktatur. Seit der Finanzmarktkrise ist die Missachtung des Rechts, von Verträgen und Verfassung, Maxime seiner Politik. Der rechtsstaatliche Respekt selbst vor den Urteilen des Bundesverfassungsgerichts ist verloren.

# Deutschland in der Falle: Euro, Dollar, Gold im Spiel der Geopolitik

Dr. Bruno Bandulet

Von Walther Rathenau, dem Außenminister in den ersten Jahren der Weimarer Republik, stammt der Satz: »Die Wirtschaft ist unser Schicksal.« Man könnte auch sagen: Wirtschaft und Finanzen sind unser Schicksal. Werfen wir einen Blick auf die deutsche Geschichte: Auf das Wirtschaftswunder der vier Jahrzehnte nach der Reichsgründung 1871, das idealen Rahmenbedingungen zu verdanken war – dem wertbeständigen Goldstandard, einer extrem schlanken und hocheffizienten Verwaltung, einem exzellenten Bildungswesen und einer Steuerbelastung, die unter 15 Prozent der Wirtschaftsleistung lag. Oder blicken wir auf die Inflation der frühen 1920er-Jahre, die den Mittelstand ruinierte. Oder auf das zweite Wirtschaftswunder unter Ludwig Erhard, als die Mark an den Dollar und dieser an das Gold gebunden war, als der Staat kaum Schulden machte, als die Bundesbank solide deutsche Geldpolitik betrieb, als die Deutschen sicher sein konnten, dass es ihren Kindern noch besser gehen würde als ihnen selbst. Oder denken wir – aktuell – an die Falle, in die Deutschland mit der Einführung des Euro gelaufen ist. Mit allen vorhersehbaren Konsequenzen für die Staatsfinanzen, für den künftigen Lebensstandard und für die Altersvorsorge, die jetzt kaum noch planbar ist.

Das ist alles richtig. Aber wenn wir tiefer graben und nach den eigentlichen Ursachen suchen, dann kommen wir zu dem

Schluss: Die Politik ist unser Schicksal. So war die Währungsreform von 1923 eine indirekte Folge des geopolitischen Unvermögens der Nachfolger Bismarcks, die in den Ersten Weltkrieg stolperten, und eine direkte Folge des Diktatfriedens von Versailles und der Reparationen. So war die Währungsreform von 1948 die indirekte Folge außenpolitischen Größenwahns und die direkte Folge der Zerrüttung der Staatsfinanzen durch die Kosten des Zweiten Weltkriegs.

Aus dieser Sicht ist die Euro-Falle, in der Deutschland jetzt steckt, der größten Fehlentscheidung der deutschen Politik seit 1945 geschuldet: dem Beschluss vom Dezember 1991, die Bundesbank zu entmachten, die D-Mark abzuschaffen und eine europäische Einheitswährung einzuführen, die damals noch ECU heißen sollte. Dass die führenden deutschen Ökonomen in den 1990er-Jahren eindringlich vor dem Euro warnten, war in den Wind gesprochen. Der Euro war von Anfang an eine politische Entscheidung. Dass er jetzt künstlich am Leben gehalten wird, dass das gescheiterte Experiment nicht abgebrochen wird, ist ebenfalls eine rein politische Entscheidung. Die Devisenmärkte und die Börsen reagieren fast nur noch auf Beschlüsse und Interventionen der Regierungen und Zentralbanken sowie auf europäische Euro-Rettungskonferenzen, von denen bis zum Frühjahr 2012 allein 14 stattgefunden haben.

Die amerikanische Historikerin Barbara Tuchman hat ein Buch geschrieben, das berühmt wurde. Es trägt den Titel *Die Torheit der Regierenden.* Sie unterscheidet vier Arten von Missregierungen: Zwangsherrschaft, Selbstüberhebung (als Beispiele nennt sie Deutschland und Japan im Zweiten Weltkrieg), Unfähigkeit und Dekadenz (wie im Alten Rom) und als vierte Variante der Missregierung: Torheit und Starrsinn. Letztere definiert sie als »politisches Handeln, das den Eigeninteressen des jeweiligen Staates und seiner Bürger zuwiderläuft«. Genau dies trifft zu auf die Euro-Politik der Regierung Kohl/Waigel/

Genscher. Der Regierung Merkel sind mildernde Umstände zuzubilligen. Sie muss eine Suppe auslöffeln, die sie nicht selbst eingebrockt hat. Sie ist konfrontiert mit den Konsequenzen der größten Fehlentscheidung der deutschen Politik seit 1945, die ich schon nannte: dem Beschluss vom Dezember 1991, die Bundesbank zu entmachten, die D-Mark abzuschaffen und eine europäische Einheitswährung einzuführen, die damals noch ECU heißen sollte.

## Die D-Mark war die deutsche Atombombe

Es wird oft behauptet, die Maastrichter Beschlüsse vom Dezember 1991 und das Ende der Deutschen Mark seien der Preis für die Wiedervereinigung gewesen. Das ist so nicht richtig, auch wenn ein Zusammenhang mit der Wiedervereinigung bestand. Richtig ist, dass der französische Präsident Mitterrand anfangs versuchte, die Wiedervereinigung zu verhindern – daher sein missglückter Besuch in Ostberlin – und dass er dann von Helmut Kohl die Zustimmung zur Einheitswährung als Preis für sein Plazet zur Wiedervereinigung verlangte. Richtig ist aber auch, dass die Franzosen schon vor dem Fall der Berliner Mauer die D-Mark beseitigen wollten, weil ihnen die finanzielle Macht der Bundesbank und das sogenannte deutsche Zinsdiktat missfielen. Der Erfolg der Bundesbank und ihr internationales Prestige wurden ihr zum Verhängnis. Wäre die D-Mark eine Schwachwährung gewesen, bestünde sie noch heute.

Worum es ging, wurde im Verlauf einer deutsch-französischen Besprechung Anfang 1988 in Bonn deutlich. Damals erklärte Jacques Attali, der außenpolitische Berater Mitterrands: »Um eine Balance zu erhalten, möchten wir über die deutsche Atombombe reden.« Die Deutschen antworteten: »Sie wissen doch, wir besitzen gar keine Atombombe.« Darauf Attali: »Ich meine die Deutsche Mark.« Die wurde dann als herausragendes deutsches Souveränitätsmerkmal von Kohl geopfert, obwohl über die deutsche Einheit nicht in Paris oder London, sondern in Washington und in Moskau entschieden wurde. Damit sind wir bei der Rolle, die die USA im europäischen Drama gespielt haben und immer noch spielen.

Die europäische Integration, die inzwischen den Gipfel ihrer Nützlichkeit überschritten hat, war ursprünglich ein amerikanisches Projekt zur Stabilisierung Westeuropas angesichts der sowjetischen Bedrohung. Zahlreiche europäische Initiativen in den 1950er-Jahren wurden vom Geheimdienst CIA finanziert. »Wenn es Europa gibt, dann nur, weil es die Amerikaner wollen«, schrieb 1992 der englische Historiker Norman Stone. Ebenfalls 1992 sagte Henry Kissinger, die Europäische Gemeinschaft sei als »Nebenstruktur der Atlantischen Allianz« erdacht worden. Und die Atlantische Allianz, nämlich die NATO, ist, wie wir wissen, nichts anderes als ein Instrument der amerikanischen Geopolitik.

Was die Amerikaner nicht wollten und was sie schließlich auch verhindern konnten, war ein Europa auf Augenhöhe, ein gleichberechtigter Partner mit einer eigenständigen Militärmacht. Die Grundlinien der amerikanischen Geopolitik gehen übrigens auf den *Yale*-Professor Nicholas Spykman zurück, der von 1893 bis 1943 lebte. Laut Spykman müssen die USA die »Ränder« Europas beherrschen, um den Kontinent zu kontrollieren. Und dazu zählte er nicht nur die europäischen Küsten, sondern auch den Nahen und Mittleren Osten. Spykman war kein Freund der europäischen Integration. Er glaubte, dass eine derartige Machtkonzentration nicht im amerikanischen Interesse liege. Und dazu ist es tatsächlich nie gekommen.

In das Gesamtbild passt Anfang der 1990er-Jahre das amerikanische Angebot an das wiedervereinigte Deutschland, zum weltpolitischen Juniorpartner der USA aufzusteigen – ein Angebot, das von der Bundesregierung nicht aufgegriffen wurde. Vor diesem Hintergrund wird auch die ambivalente Einstellung der Amerikaner zum Euro verständlich. Sie opponierten nicht gegen seine Einführung, sie blieben aber skeptisch. Und auf keinen Fall wollten sie einen Euro, der die Weltreservewährung Dollar vom Thron stoßen würde. Diese Angst müssen sie jetzt nicht mehr haben. Typisch der Satz von Alan Greenspan, des langjährigen amerikanischen Notenbankchefs: »Der Euro wird kommen, aber er wird keinen Bestand haben.«

Wie auch immer, die Regierung Kohl hätte keinen Ärger mit Washington bekommen, hätte sie damals die Forderungen Mitterrands abgelehnt. Wirklichen Ärger bekäme die Bundesregierung, wenn sie die amerikanischen Stützpunkte in Deutschland kündigte, die als logistische Drehscheibe für Kriege im Nahen und Mittleren Osten dienen. Oder wenn sie die deutschen Goldreserven aus New York zurückholte. Oder wenn sie sich daran störte, dass das Pentagon in Stuttgart sein Regionalkommando AFRICOM angesiedelt hat. Dessen Zweck ist die politische und militärische Einflussnahme auf dem afrikanischen Kontinent – Aktivitäten also, die eigentlich Europa zustünden.

## Verschwörungstheorien um *Goldman Sachs*

Wie Sie wahrscheinlich wissen, gibt es in Deutschland und mehr noch in Frankreich Journalisten, die hinter dem Euro-Debakel, das uns nun schon mehr als zwei Jahre in Atem hält, eine amerikanische Verschwörung vermuten. Oder, noch genauer: eine *Goldman-Sachs*-Verschwörung. Im Hause *Goldman Sachs* wurde mein Informationsdienst G&M lange Zeit gelesen, und ich war auch einmal in das Hauptquartier in New

York eingeladen und kann versichern, dass dort die intelligentesten Finanzalchimisten sitzen, die man sich vorstellen kann. Zyniker sind sie auch, aber das sind die meisten Investmentbanker und Spieler an den Finanzmärkten. Sie wissen nicht nur, dass man den Politikern im Prinzip nichts glauben darf. Sie wissen sogar, und das ist schwieriger, wann man glauben muss, was sie sagen.

Um es vorwegzunehmen: Es stimmt nicht, dass *Goldman Sachs* einen Plan ausgeheckt hat, um den Euro zu Fall zu bringen. Was sie in Wirklichkeit getan haben, habe ich in meinem Euro-Buch im Einzelnen geschildert. *Goldman Sachs* hat tatsächlich der Regierung in Athen – gegen ein hohes Honorar, versteht sich – geholfen, die Finanzen zu frisieren und Schulden in Milliardenhöhe zu verstecken. Das fing schon 2001 an, als Griechenland dem Euro beitreten durfte. Und es endete im Herbst 2009, wenige Monate vor dem Ausbruch der großen Euro-Krise. Nur: Solche betrügerischen Manipulationen waren auch in anderen Euro-Staaten üblich, und dabei halfen auch andere Banken. Die Europäische Währungsunion basierte von Anfang an auf Vertragsbruch, Betrug und Wählertäuschung – Letzteres insbesondere in Deutschland.

Wie immer an den Finanzmärkten geht eine Sache länger gut, als man sich das vorstellen konnte – bis sie dann plötzlich kippt. Dann sind alle total überrascht. So war es bei der großen amerikanischen Immobilienspekulation, so war es auch mit dem Euro. Als die Händler von *Goldman Sachs* im Winter 2009/2010 erkannten, dass die lange Periode der Euro-Scheinstabilität zu Ende war, kauften sie Kreditausfallversicherungen und begannen, gegen Griechenland zu spekulieren. Dass sie in guten wie in schlechten Zeiten mitverdienen wollten, war aus ihrer Sicht ein völlig normales Verhalten. Sie wollten den Euro nicht ruinieren, sie haben nur getan, was sie immer tun.

Und dem amerikanischen Interesse, den Euro nicht zu groß

werden zu lassen, war damit nebenbei auch gedient. Anders als zum Beispiel in Deutschland sind die politischen und finanziellen Eliten in den USA eng miteinander verflochten und jederzeit austauschbar. Das wurde mir erstmals klar, als mir bei einem Besuch in New York jemand erzählte, dass bei einer Strategiesitzung von *Merrill Lynch* der Geheimdienst CIA mit am Tisch saß. Ich kann auch nicht ausschließen, dass irgendwann Vertreter der Regierung und der Finanz»industrie« darüber gesprochen haben, den Euro zu schwächen. Immerhin bestand die Gefahr, dass Amerikas größter Gläubiger, nämlich die Volksrepublik China, in größerem Umfang Dollar-Reserven in Euro-Reserven umtauschen würde. Nur: Beweisen lässt sich eine derartige Konspiration nicht. Es ist auch nicht so, dass die USA einen Zusammenbruch der Euro-Zone wünschen würden. Dafür ist das Risiko einer Weltfinanz- und Weltwirtschaftskrise zu groß.

Es bringt nichts, andere für die Konsequenzen eigener Fehler verantwortlich zu machen. Die Euro-Katastrophe wurde von den europäischen Regierungen selbst auf den Weg gebracht. Sie wurde von den sogenannten Finanzmärkten und von den amerikanischen Ratingagenturen nur etwas beschleunigt. Seit diesem Januar genießt nur noch Deutschland in der Bewertung von *Standard & Poor's* den besten Bonitätsstatus AAA mit stabilem Ausblick. Darüber hinaus ist unter den 17 Euro-Mitgliedern nur noch der Ausblick für die Slowakei (A) stabil. Triple A sind außer Deutschland noch die Niederlande, Finnland und Luxemburg – allerdings mit negativem Ausblick, das heißt mit dem Risiko, an Bonität zu verlieren.

Falsch sind diese Einstufungen nicht. Wenn zum Beispiel die Schulden des französischen Staates mit AA von »hoher Qualität«, aber eben nicht von »höchster Qualität« sind wie die deutschen Verbindlichkeiten, oder wenn die italienischen Schulden laut S&P mit BBB ein »moderates Kreditrisiko« bergen, dann sind diese Einstufungen völlig korrekt. Und wenn die internationalen Investoren auf portugiesische oder italienische Staatsanleihen höhere Zinsen verlangen, dann ist das vollkommen nachvollziehbar.

## Der Zahlmeister und seine Transferunion

Damit komme ich zu einem anderen Kapitel, nämlich zu der sehr realen Gefahr, dass auch Deutschland in den nächsten Jahren den Status des AAA-Schuldners verliert, dass auch die Bundesanleihen einbrechen und dass letzten Endes auch die deutschen Staatsfinanzen außer Kontrolle geraten. Gemeint ist die Rolle, die Deutschland seltsamerweise seit der Wiedervereinigung in zunehmendem Maße spielt: die Rolle des europäischen Zahlmeisters. Eine Transferunion, vor der jetzt viele warnen, braucht die EU nicht mehr zu werden. Sie ist schon eine, auch wenn sie in ihren Anfängen in den 1950er-Jahren, damals als EWG, keineswegs so gedacht war. Spätestens in der Ära Kohl hat es sich eingebürgert, dass aufkommender Streit auf europäischen Konferenzen dadurch beigelegt wurde, dass die Deutschen das Scheckbuch zückten.

In seinem Buch *Deutschland – Zahlmeister der EU* hat der Heidelberger Professor Franz-Ulrich Willeke alles penibel aufgelistet. Danach bezogen die vier heute notleidenden sogenannten PIGS-Länder (Portugal, Irland, Griechenland und Spanien) von 1976 bis 2008, gerechnet in Preisen von 2010, insgesamt 430,5 Milliarden Euro an Nettozahlungen von der EU. Davon kam etwas mehr als die Hälfte aus Deutschland! Die Griechen haben in diesem Zeitraum netto 133,5 Milliarden kassiert. Was sie damit gemacht haben, weiß niemand genau. Tatsache ist: Im untersuchten Zeitraum von 1976 bis 2008 hat ein einziges EU-Mitglied, nämlich die Bundesrepublik Deutschland, mehr Nettobeiträge geleistet als alle anderen Nettozahler zusammengenommen.

In den 1970er- und 1980er-Jahren war diese Art von europäischer Umverteilung noch ziemlich bescheiden. Wirklich beschleunigt hat sie sich erst seit der Wiedervereinigung. Das ist es, was Professor Willeke meint, wenn er vom »Zahlmeister« spricht. Der britische Historiker Niall Ferguson sprach am 7. November 2011 in einem Interview mit dem *Spiegel* Klartext über die Kosten der EU, die Deutschland zu tragen hat: »Wenn man sich die europäische Integration als ein einvernehmliches System von Kriegsreparationen vorstellt, so entsprechen die Leistungen Deutschlands etwa denen, die ihm nach dem Ersten Weltkrieg mit dem Versailler Vertrag aufgebürdet wurden.« Er fügte hinzu: »Ich habe jedoch den Eindruck, dass die Deutschen keine Lust mehr haben, Reparationen zu zahlen.« Auf die Deutschen mag das zutreffen, nicht aber auf die deutsche Regierung.

Gerechtfertigt werden die finanziellen Opfer von unserer politischen Klasse mit dem Argument, dass Deutschland als Exportnation schließlich auch am meisten vom europäischen Binnenmarkt profitiere. Das Argument ist dümmlich, weil ein Binnenmarkt, das heißt der freie Handel, immer allen zugutekommt. Warum muss dafür noch extra gezahlt werden? Niemand in Frankreich wird gezwungen, statt eines *Peugeot* einen Mercedes zu kaufen. Er tut es, weil er sich davon Vorteile verspricht. Verschwiegen wird auch, dass die deutsche Exportstruktur nichts mit dem Euro zu tun hat, dass der Großteil der deutschen Ausfuhren schon vor dem Euro und sogar schon vor 1914 nach Europa ging, dass der Anteil der Euro-Zone an den deutschen Exporten seit ihrer Gründung abnimmt (von 46 auf 41 Prozent) und dass Deutschland im Zeitraum 1999, also angefangen mit der Einführung des Euro als Buchgeld, bis 2010 in punkto Wirtschaftswachstum zusammen mit Italien das Schlusslicht in der Euro-Zone bildete. Dass die deutsche Wirtschaft jetzt so gut abschneidet, hat verschiedene Gründe und mit der Einheitswährung als solcher nichts zu tun. Seitdem der Euro ständig gerettet werden muss, hat die oben beschriebene Rolle des Zahlmeisters wahrhaft furchterregende Dimensionen angenommen. Was uns die Fehlkonstruktion Euro nach jetzigem Kenntnisstand einschließlich Bürgschaften kosten könnte, hat das Münchener ifo-Institut berechnet: 785 Milliarden Euro. Das ist mehr als das Dreifache der jährlichen Steuereinnahmen des Bundes nach dem Stand von 2012. Darin sind die Kosten möglicher Euro-Bonds und damit einer Vergemeinschaftung der Schulden aller 17 Euro-Mitglieder noch nicht einmal enthalten.

In den 785 Milliarden Euro sind sowohl die Forderungen der Deutschen Bundesbank an die Krisenländer im Rahmen des grenzüberschreitenden Zahlungssystems TARGET2, von denen ein Teil wahrscheinlich abgeschrieben werden muss, wie auch die deutschen Anteile am bestehenden Euro-Rettungsschirm EFSF und am permanenten Rettungsschirm ESM vom Sommer 2012 berücksichtigt. Entsprechend dem deutschen Anteil am Kapital der EZB sind das 27,2 Prozent der Gesamtsummen.

## Das riskante Spiel mit den Bundesanleihen

Wenn man genau hinsieht, entdeckt man eine Skurrilität: Für die Rettungsschirme bürgen theoretisch auch die Krisenländer, und für den ESM sollen sie sogar die vorgesehene Bareinzahlung leisten. Auch Griechenland! Mit welchem Geld eigentlich? Mit dem Geld, das es sich vorher leihen muss. Griechenland soll sich also am eigenen Schopf aus dem Sumpf ziehen. Passieren wird Folgendes: Je mehr Länder nicht mehr zahlungsfähig sind, umso mehr bleibt an Deutschland hängen. So sehen es auch die großen Operateure an den Finanzmärkten. Sie sehen in Deutschland den Kreditgeber der letzten Instanz – und natürlich auch in der EZB.

Das läuft darauf hinaus, dass die deutsche Schuldenbremse nicht funktionieren wird, dass die deutschen Staatsschulden eurobedingt weiter steigen werden und dass die Bundesrepublik wegen der Euro-Rettung ihren AAA-Status verlieren wird. Für den Fall, dass Frau Merkel doch noch einknickt und Euro-Bonds mit gemeinschaftlicher Haftung akzeptiert, gilt das erst recht. Die Spieler an den Finanzmärkten haben das noch nicht einkalkuliert, sonst würden sie nicht Bundesanleihen kaufen, deren Rendite unter der Inflationsrate liegt. Als Anleger kann man vielleicht spekulativ noch eine Zeit lang dabei bleiben, aber man muss sich darüber im Klaren sein, dass auch deutsche Staatsanleihen langfristig nichts anderes sind als Enteignungszertifikate.

Die Bundesregierung riskiert den eigenen Ruin, wenn sie weiterhin darauf besteht, den Euro zu retten. Wenn sie ihn fallen lässt, wird es auch teuer. Wir haben nur noch die Wahl zwischen verschiedenen Übeln. »Das Erste steht uns frei, beim Zweiten sind wir Knechte«, heißt es in Goethes *Faust*. Nachdem die Regierung Merkel vor zwei Jahren die Chance verpasst hat, auf Einhaltung der Verträge zu bestehen, Griechenland pleitegehen zu lassen und aus der Euro-Zwangsanstalt zu entlassen, betreibt sie eine Politik des Durchwurstelns nach dem Prinzip Hoffnung. Gleichzeitig ist sie mit ständig lauter werdenden Forderungen der Südeuropäer nach noch mehr Finanzhilfen konfrontiert.

## Papierwährungen und der Fixpunkt Gold

An dieser Stelle möchte ich auf ein Argument eingehen, das von den Euro-Propagandisten ständig vorgetragen wird, nämlich, dass der Euro an den Devisenmärkten im Vergleich zum Dollar gar nicht so schlecht abschneidet. Im Frühjahr 2012 hat er sich wieder etwas erholt, aber das wird spätestens 2013 enden. Aber immerhin, der Euro ist gemessen am Dollar immer noch teurer als zu Beginn seiner Karriere, als er unter der Parität notierte. Allerdings sind Papierwährungen nur relative Größen. Streng genommen muss man sie am Fixpunkt des Währungssystems messen, nämlich am Gold. Dann stellt sich heraus, dass der Euro von Anfang an im Trend gegen Gold immer nur abgewertet hat – und der Dollar seit der Jahrtausendwende ebenfalls.

Das zeigt, dass beide Währungen nichts taugen. Woran eigentlich erkennt man die Qualität einer Währung? An den Inflationsraten, an der Höhe der staatlichen und privaten Schulden, am Saldo der Leistungsbilanz und an der Bilanz der Notenbank. Wenn diese Bilanz aufgebläht wird, wenn die Notenbank Geld druckt, das heißt Staatsanleihen kauft, und wenn sie die Geschäftsbanken gegen Hereinnahme dubioser Sicherheiten mit frischem Geld versorgt, dann ruiniert sie die ihr anvertraute Währung – und abzulesen ist das am Goldpreis. Aus dieser Sicht sitzen Euro und Dollar im selben Boot. Beide sind ungedeckte Papier- beziehungsweise Computerwährungen. Beide können bei Bedarf beliebig vermehrt werden. Bei beiden wird der Zins manipuliert. Beide operieren außerhalb der Marktwirtschaft. Und die Bilanzen beider Notenbanken, der *Federal Reserve* und der EZB, wurden seit dem Ausbruch der Finanzkrise 2008 dramatisch aufgeblasen.

Auch der Euro ist Bestandteil des globalen, dollarbasierten Finanzsystems und selbstverständlich abhängig von den internationalen Kapitalflüssen. Der Zweck dieser Papierwährungen besteht im Wesentlichen darin, den Zahlungsverkehr aufrecht zu erhalten, Schulden zu machen und Steuern einzutreiben. Wertaufbewahrungsmittel sind sie nicht. Im Vergleich zum Dollar hat die europäische Einheitswährung eigentlich nur ein Plus zu verzeichnen: die mehr oder weniger ausgeglichene Leistungsbilanz der Euro-Zone. Aber auch sie wäre ohne die deutschen Überschüsse, von denen Deutschland wegen des Euro nichts hat, mit 270 Milliarden im Minus. Zu verdanken ist das den deutschen Exportüberschüssen, und die werden auch noch von den europäischen Partnern diffamiert. Das ist der Gipfel der Absurdität.

## Womit Investoren rechnen müssen

Was soll der Investor tun? Er kann ja nicht wissen, wie lange wir noch mit dem Euro leben müssen, ob die Euro-Zone nur schrumpft oder komplett auseinanderbricht oder welche Variante eines Crash droht. Er muss möglichst alle Szenarien einkalkulieren und sein Portfolio so einrichten, dass es den schlimmsten denkbaren Fall überlebt. Wenn es nicht zum Schlimmsten kommt oder zumindest nicht bald, umso besser. Das bedeutet, dass der Investor auch in andere Währungen diversifizieren sollte: in asiatische und pazifische Währungen (ausgenommen den Yen), in Norwegische Kronen und Schweizer Franken, sobald sie billiger zu haben sind als gegenwärtig, in den Kanadischen Dollar und mit einem Teil auch in den US-Dollar, dies allerdings nicht als Daueranlage. Und natürlich in die Edelmetalle, vor allem in Gold, das in der Regel ein- bis zweimal im Jahr eine günstige Kaufgelegenheit bietet.

Obwohl der Goldpreis seit einem Jahrzehnt steigt, hat er immer noch Spielraum nach oben, solange die Notenbanken ihre Leitzinsen in der Nähe von null halten und damit unter der Inflationsrate. Am Goldmarkt tummeln sich neben den konservativen Investoren auch die Spekulanten der Hedgefonds und der Banken. Das braucht Sie nicht zu stören. Es sorgt für Preisschwankungen, die sich nutzen lassen. Betrachten Sie Gold als alternative Währung. Schließlich übersteigen auch die Goldreserven der Bundesbank oder der USA bei Weitem den Bestand an Fremdwährungen. Halten Sie Gold nicht in erster Linie, um damit Spekulationsgewinne zu erzielen, sondern um finanziell zu überleben. Wenn der Vorhang einmal gefallen ist, werden diejenigen unter den Gewinnern sein, die am wenigsten verloren haben. Jeder, der es sich leisten kann, braucht etwas, das nie pleitegeht. Gold ist die einzige Währung, die kein Schuldverhältnis beinhaltet. Es trägt ein Preisrisiko, aber kein Bonitätsrisiko. Mit Gold entgeht man übrigens auch der Wahl zwischen Dollar und Euro.

Sofern die Ökonomen der Österreichischen Schule Recht haben, was ich befürchte, dann wird der Zusammenbruch des Systems umso schlimmer, je länger die überfällige Bereinigung vertagt wird. Verschleppt wird sie in den USA, deren Neuverschuldung gemessen am Bruttoinlandsprodukt (BIP) mit rund zehn Prozent so hoch ist wie die griechische, indem die *Federal Reserve* Staatspapiere aufkauft. Sie ist noch vor China zum größten Gläubiger der amerikanischen Regierung avanciert. Verschleppt wird sie in der Euro-Zone. Das ist seit Dezember 2011 der neueste Trick, indem die EZB den Banken eine Billion Euro zu einem Prozent für drei Jahre leiht, damit sie flüssig bleiben und damit sie Staatsanleihen der Krisenländer kaufen können, um das Euro-System zu stützen. Die maroden Anleihen können sie dann wieder bei der EZB einreichen, um sich frisches Geld zu besorgen. Damit tun die Banken auf Wunsch der Regierungen im Prinzip wieder genau das, was sie schon in den Jahren vorher an den Rand des Ruins gebracht hat. Das Ganze ist ein Ponzi-Betrug, ein Schneeballsystem à la

Madoff, das unter normalen Umständen strafbar ist, das aber bekanntlich so lange funktioniert, wie frisches Geld nachgeschoben wird, wie alte Schulden durch neue ersetzt werden – oder so lange, bis das Vertrauen der Marktteilnehmer schlagartig zusammenbricht.

Schließlich möchte ich Ihnen ein weiteres Szenario vorstellen, auf das wir vorbereitet sein müssen. Es nennt sich »finanzielle Repression«, eine Art von Alternative zur Währungsreform. Sie funktioniert so, dass die Zinsen von den Notenbanken für einen sehr langen Zeitraum manipulativ unter der Inflationsrate gehalten werden und dass diese gleichzeitig steigt. Der Effekt ist eine schleichende, kalte Enteignung der Sparer und eine reale Entschuldung der Regierungen. In vergleichbarer Form wurde das in den USA und Großbritannien nach 1945 drei Jahrzehnte lang praktiziert, bis der kriegsbedingte Schuldenberg auf eine erträgliche Höhe zusammengeschmolzen war. In Deutschland entschieden sich die Besatzungsmächte für die bekannte andere Methode, nämlich die Währungsreform.

Das Fazit lautet, dass nach den Schuldenexzessen der vergangenen zehn oder 20 Jahre alle in der Falle sitzen: die westlichen Industrieländer mit wenigen Ausnahmen, die Sparer und Anleger in der Euro-Zone, aber auch Deutschland als Schwergewicht der Währungsunion und als Mitglied einer EU, die sich zum bürokratischen Monstrum entwickelt hat, die beginnt, zu verarmen und im globalen Wettbewerb zurückzufallen. Bleibt Deutschland in der Euro-Zone, dann werden die Kosten auf unabsehbare Zeit die Vorteile übersteigen. Und damit meine ich nicht nur die Kosten direkter Subventionen und Finanzhilfen, sondern auch Geldentwertung und Wachstumsschwäche. Steigt Deutschland dagegen aus, sitzt es auf der Anklagebank, denn in einem Kartell ist immer derjenige der Böse, der es als Erster verlässt.

## Dann scheitert Europa – aber welches?

Weil große Länder bei kleineren Nachbarn nie beliebt sind, eignet sich Deutschland hervorragend als Sündenbock. In Griechenland und Italien kochen die antideutschen Ressentiments hoch wie schon lange nicht mehr. Herausstellen wird sich: Je mehr wir zahlen, desto unbeliebter machen wir uns. Wenn wir nicht zahlen, machen wir uns auch unbeliebt. Auch mit der hegemonialen Rolle Deutschlands in Europa, von der manche Politiker in Berlin träumen, wird es nicht klappen. In dieser Situation bräuchten wir den Genius eines Otto von Bismarck, um die Beziehungen zu den USA, den europäischen Nachbarn, zu Russland und nicht zuletzt zu China und den aufstrebenden Schwellenländern in ein tragfähiges außenpolitisches Konzept einzupassen. Ein Bismarck ist aber nicht in Sicht, wir haben nur die Taktikerin Merkel. Vor allem ist ihr und sämtlichen etablierten Parteien in Berlin vorzuwerfen, dass sie eine offene Diskussion blockieren und dass sie mit Unwahrheiten arbeiten. Schon die Behauptung Helmut Kohls, der Euro sei eine Frage von Krieg oder Frieden, war eine Lüge, mit der er den Deutschen Angst machen wollte. Die Behauptung, die jetzige Euro-Politik sei alternativlos, ist ebenso unsinnig. Erst recht gilt das für Merkels ominösen Spruch: »Scheitert der Euro, dann scheitert Europa.«

Unsinnig ist das insofern, als Europa nicht identisch ist mit der EU und diese nicht identisch mit dem Euro. Es wird oft vergessen, dass nur 17 der 27 EU-Mitglieder den Euro eingeführt haben. Die EU beziehungsweise die EG hat ohne den Euro besser funktioniert als mit ihm, es gab weniger Spannungen und gegenseitige Vorwürfe. Selbstverständlich funktioniert ein freier Binnenmarkt auch ohne eine gemeinsame Währung. Und doch: Merkels Satz könnte halbrichtig sein. Mit dem Euro droht nicht Europa zu scheitern, sondern etwas anderes: die

Zentralisierungs- und Gleichschaltungsmaschinerie der EU, das schreckliche Einheitsdenken, die Entdemokratisierung. Wäre das so schlecht? Die Europäische Union ist auch vorstellbar als Bund freier Staaten und Völker, in dem jeder nach seiner Façon selig werden kann, in dem Wettbewerb herrscht zwischen Unternehmen, aber auch zwischen Wirtschaftsmodellen und Währungen. Europa braucht keine Kommissare in Brüssel, die Glühlampen verbieten, die den zulässigen Krümmungsgrad von Gurken erst vorschreiben und dann die entsprechende Verordnung wieder aufheben, die ein schwachsinniges Gender Mainstreaming oktroyieren und am deutschen Ehegattensplitting sowie am Gütesiegel »Made in Germany« Anstoß nehmen.

Die EU in der jetzigen Verfassung samt dem Europäischen Gerichtshof operiert nicht nur am Rande und manchmal außerhalb der Legalität, sie verliert auch in den Augen der Europäer rapide an Legitimität. Und das ist noch schlimmer. Selbst in einem so regierungsnahen Blatt wie der *Frankfurter Allgemeinen Zeitung* war am 30. Januar 2012 zu lesen, dass die »demokratische Lücke« schon immer die größte Gefahr der EU war und dass EU-Kommission und Zentralbank jetzt eine Rolle übernehmen, »wie sie in China das Zentralkomitee der Kommunistischen Partei ausfüllt«. Ein Vorwurf, der härter kaum sein könnte.

Wollen wir in einem solchen Europa leben? Falls nicht, dann bietet die Euro-Krise zugleich die Chance, mit Europa noch einmal anzufangen und die EU als Raum der Freiheit, der Selbstbestimmung und Selbstverantwortung neu zu erfinden.

# Was kommt nach dem Euro?

Prof. Dr. Wilhelm Hankel

Es ist wichtig, die Wahrheit über die schwere Wirtschaftskrise zu kennen. Man muss wissen, was kommt und was uns bevorsteht. Wir werden derzeit in den Medien nicht korrekt unterrichtet. Zumindest nicht vollständig in Hinblick auf die Folgen der Krise und die tatsächliche Höhe der Schulden. Das Ende des Euro wird zwangsläufig kommen, und zwar aufgrund unserer Marktwirtschaft. Ich schreibe ganz bewusst zwangsläufig. Und das Verfassungsgericht mag sich gegenüber Euro-Klägern noch so zieren und Bürgern Rechte verweigern, aber gegen die ökonomischen Gesetze sind auch Juristen machtlos. Auch Diktatoren können bestimmte Entwicklungen nicht verhindern. Wir haben das im Frühjahr 2011 in Nordafrika gesehen. Wir versuchen derzeit, nordafrikanische Verhältnisse in Südeuropa zu verhindern. Wir wollen weder nordafrikanische Verhältnisse noch einen Diktator. Die EU erinnert mich inzwischen an eine Diktatur. Europäische Regierungen haben sich in Brüssel über den ESM-Vertrag geeinigt. Die Bürger waren daran nicht beteiligt. Das war verantwortungslos und ähnelt den Handlungen von Kriegsführern, die blind und rücksichtslos vorgehen. Verantwortungsvolle Generäle wissen, dass sie einen Krieg beenden müssen, wenn sie ihn verloren haben. Wir haben es in Europa heute hingegen mit einer Art von Generälen in der EU und in unserer eigenen Regierung zu tun, die das nicht wissen. Sie verlängern vorsätzlich einen Krieg, der nun nur noch Verluste bringen kann. Dummerweise verlieren aber nicht die Generäle, die ihn führen, ihre Pensionen, sondern die Bürger. Es wäre uns allen gedient, wenn es ein Verfahren gäbe, die Euro-Politiker für das, was sie anrichten, haften zu lassen. Das ist ja auch ein Grundprinzip unserer Marktwirtschaft. Dann wäre uns allen wohler. Zudem wäre das Euro-Abenteuer schon längst zu Ende.

Ich kämpfe für unsere Marktwirtschaft. Und ich kämpfe für den Erhalt unseres Geldes, für unseren Wohlstand und dafür, dass unsere Kinder ähnlich gut leben können wie wir. Denn das alles steht jetzt infrage. Sie haben richtig gelesen: Das steht ernsthaft infrage. Wer wie unsere Politiker bestehendes Recht ignoriert, wer den Rechtsstaat unglaubwürdig macht, der kämpft auch gegen die Marktwirtschaft. Man kann das täglich beobachten. Zudem hat es Folgen, die wir überall sehen.

Die Finanzmärkte erkennen nach zehn Jahren Euro-Hypnose jetzt endlich die wahren Risiken. Das zeigt sich in den ständig steigenden Zinsen für die Krisenländer. Portugal zahlt 15 Prozent, Griechenland nicht viel weniger. Die anderen maroden Euro-Staaten werden folgen. Die Kurssicherungskosten für ehrliche Investoren, die Risiken absichern wollen, steigen. Die Situation wird immer unkalkulierbarer. Es handelt sich um marktwirtschaftliche Instrumente des Krisenschutzes. Und die werden nun verteufelt als Angriff der Märkte auf die Gesellschaft. Wer so einen Unsinn redet, der spricht einer politischen Klasse aus dem Herzen.

Die Marktwirtschaft zerstört nicht die Gesellschaft. Sie macht vielmehr die Risiken klar. Und sie zeigt jedem, auch den Politikern, was sie angerichtet haben. Immer mehr Politiker verlangen nun, man solle die Ratingagenturen einfach schließen. Außerdem müsse man die Krisenstaaten von der Marktwirtschaft abkoppeln und ihnen dann subventionierte Kredite (also viel Geld) nachwerfen. Das alles erinnert mich an eine grauenhafte Reise, die ich vor Jahrzehnten als junger Mann in

Afrika den Kongofluss abwärts gemacht habe. Ich kam während dieser an eine deutsche Medizinstation. Und eine ostpreußische Krankenschwester sagte mir, ich verstünde doch etwas von Wirtschaft. Sie sagte, wenn hier am Kongo jemand zu seinem Doktor kommt und Fieber hat, wissen Sie, was der Medizinmann dann sagt? Er sagt, wenn Sie das Fieber stört, dann müssen Sie das Thermometer wegwerfen. Anschließend hört das Fieber auf. Genau das ist unsere Politik: die Politik des Verbietens von Ratingagenturen, die Politik des Ausgrenzens von Märkten, die Politik des Subventionierens von bankrotten Staaten.

## Der Anfang vom Ende

Die beschlossene Transferunion ist aus vielen Gründen der Anfang vom Ende. Mehrere europäischer Staaten werden nicht mitmachen. Das ist ganz sicher. Denn die Transferunion ist für viele Länder schlicht nicht zumutbar: angefangen bei Finnland über Estland und die Slowakei bis hin zu anderen kleineren Staaten. Viele der kleinen Länder haben durchweg ein niedrigeres Pro-Kopf-Einkommen als jene, denen wie Italien geholfen werden soll. Das hat weder etwas mit Gerechtigkeit zu tun, noch mit europäischer Solidarität. Das Ende des Fiskalpaktes ist absehbar.

Man muss dabei beachten, mit welch unglaublicher Inkompetenz hier Politik gemacht wird. Man hat in diesen ESM ein Prinzip eingebaut, das lautet: Wer ständig selbst hilfebedürftig ist, der bekommt Geld. Wenn man das bis zum Ende durchrechnet, dann bleibt als Nettozahler nur einer übrig: Sie! Also der deutsche Steuerzahler. Ich nenne das die Verwechslung von Dynamik mit Dynamit. Das ist in den ESM eingebaut. Und mit diesem Dynamit wird der Euro gesprengt. Fragen Sie mich nur nicht nach dem genauen Datum, denn das Datum hängt von der Lernfähigkeit der Politiker ab, auch von deutschen Politikern. Ich schätze deren Lernfähigkeit aber nicht als sonderlich hoch ein. Es kann also noch ein bisschen dauern. Aber das explosive Ende ist programmiert. Gegen die ökonomischen Gesetze hat die Politik keine Waffe in der Hand.

Als ich ein junger Student war, da gehörte zu meiner Pflichtlektüre ein Essay, der vor gut hundert Jahren erschienen war. Der Verfasser heißt Eugen von Böhm-Bawerk. Er war einer der Gründer der sogenannten Wiener Schule. Allein die Überschrift dieses Essays, der im Jahre 1914 kurz vor dem Ausbruch des Weltkrieges erschien, macht ihn auch heute noch zur Pflichtlektüre für Politiker wie die deutsche Bundeskanzlerin Angela Merkel. Die Überschrift lautet *Macht oder ökonomisches Gesetz?* Es geht um die Frage, wer am Ende gewinnt. Die Antwort: natürlich das ökonomische Gesetz. Aus einem ebenso trivialen wie überzeugenden Grund: Wir alle haben ja neben dem Wahlzettel ständig einen zweiten Stimmschein in der Tasche – den Geldschein. Auch wenn wir den Geldschein nicht als Wahlzettel ansehen, bestimmen wir ebenso wie die armen Menschen in Griechenland, wo und wie wir jetzt unser Geld anlegen. Und wenn heute in Griechenland schon 60 Prozent der Spareinlagen abgehoben und in anderen Ländern wie der Schweiz oder aber in Edelmetallen wie Gold angelegt wurden, was heißt das dann? Man zwingt Regierungen so früher oder später, den Kampf aufzugeben. Denn zu den bekannten Staatsschulden und zu den bekannten Privatschulden, die noch höher sind als die Staatsschulden, kommt eine »Summe X«, die nicht mehr kalkulierbar ist. Sie besteht aus den Ersparnissen, die gerade umgeschichtet werden, und das sind die Ersparnisse Griechenlands, Italiens, Spaniens, Portugals und demnächst auch Frankreichs und Belgiens. Eine solche Entwicklung kann keine Regierung mehr mit Steuererhöhungen und einem ESM auffangen. Das kann keine europäische Notenbank mehr mit dem Drucken von neuem Geld kompensieren. Die Summen sind einfach zu gewaltig. Es ist nur noch eine Frage der Zeit, wann die Bombe explodiert, wann also die letzte Stunde des Euro schlagen wird. Denn die bisherige Politik kann von den Politikern nicht durchgehalten werden.

## Banker erhalten Bundesverdienstkreuze und wir die Schulden

Viele Bürger der EU haben 2012 gebannt auf die Zahlen der Europäischen Zentralbank geschaut. Es ging um Berge von Schrottanleihen. Anfang 2012 war die 200-Milliarden-Euro-Grenze überschritten. Und die Bilanz dieser europäischen Bank, die ja die Nachfolgerin der Deutschen Bundesbank ist, hat sich in den Jahren der Krise seit 2008 verdoppelt, ja verzweieinhalbfacht. Im Klartext: Es wurden knapp 200 Milliarden Euro frischen Geldes gedruckt. Das war für jeden Bürger erkennbar. Weniger sichtbar war, was sich auf der Ebene von Zentralbanken geräuschlos abspielte. Es erinnerte mich sehr an Hitlers Kriegsfinanzierung, die ebenso geräuschlos ablief.

Das abgehobene Geld aus dem Süden Europas kommt natürlich auch bei uns an. Unser Bankensystem war noch nie so liquide wie in den vergangenen 18 Monaten. Es wird jeden Tag liquider. Und weil die Banken fest davon überzeugt sind, dass sie unser Bestes wollen und sie auch alle für den Euro sind, vergeben sie diese aus dem Süden flüchtenden neuen Einlagen vorsichtshalber nicht als Kredite. Die Banken stecken im Kreditgeberstreik. Das hat unsere Wirtschaft noch nicht hart getroffen, denn viele Unternehmen benötigen derzeit keine Kredite. Anfang 2012 wurde der neue Bericht der Deutschen Bundesbank veröffentlicht. Er ist in wissenschaftlicher Hinsicht eine Fundgrube für Ökonomen. Die Bundesbank hat ausgerechnet, dass die deutsche Wirtschaft nur zu 15 Prozent von Krediten lebt. 85 Prozent ihrer Investitionen können deutsche Unternehmen selbst finanzieren. Sie tun das aus ihrem Cash-flow – aus ihren Gewinnen. Sie sind also kaum vom Kreditstreik der Banken betroffen. Betroffen ist nur der wichtigste Teil unserer Wirtschaft, der Mittelstand. Dieser hat eben nicht das Glück, Geld zinslos an der Börse aufnehmen zu können. Der Mittelstand ist von Bankkrediten abhängig. Und deshalb wird sich dieses Bild, demzufolge Deutschland eine Insel der Glückseligen in der Euro-Krise ist, bald völlig verändern.

Die ersten Anzeichen dafür sehen wir schon jetzt: Wir blicken auf eine gespaltene Konjunktur. Der Export boomt, aber der Binnenmarkt stagniert. Innerhalb des Binnenmarktes geht es unseren kleinen und mittelständischen Betrieben, die nicht an der Börse gelistet sind, nicht all zu gut. Sie können sich das Geld für ihre Geschäfte, ihren Betriebsmittelkredit nicht zum Nulltarif beschaffen. Sie bezahlen zwischen sieben und 13 Prozent Zinsen. Im Klartext: Die Krise wird von der deutschen Bankenwelt dazu benutzt, um die mit Sicherheit auf sie zukommenden Verluste durch eine Dehnung der Zinsmarge auszusitzen. Sie vergeben kaum noch Kredite. Wer aber einen Kredit erhält, der muss hohe Zinssätze dafür bezahlen. Jener Teil unserer Wirtschaft, der in allen Sonntagsreden der Politik als das Rückgrat und die eigentliche Stärke Deutschlands gepriesen wird – das kleine Unternehmertum – profitiert nicht vom Euro! Der Mittelstand trägt das Risiko der Krise und das Kreditrisiko seiner Bank. Hierzu findet man in keiner Zeitung einen empörten Aufschrei. Das wird einfach ausgeblendet.

Ich selbst bin ja auch zeitweilig aktiver Banker gewesen und schreibe hier aus eigener Erfahrung. Der Bankensektor seilt sich gerade auf dem Rücken des Mittelstands von der Krise ab.

Deutsche Wirtschaftsjournalisten haben das noch nicht gemerkt. Sie brauchen immer vier oder besser noch fünf ältere Professoren, die ihnen das erklären. Dabei machen die Banken doch 2012 Gewinne, die so groß sind, dass sie die Abschreibungsverluste in Hinblick auf Griechenland, Italien und Portugal bequem verkraften können. Und dafür erhalten die Banker dann auch noch das Bundesverdienstkreuz und eine Einladung zu Frau Merkel ins Bundeskanzleramt.

## Transferunion als neue Form des Sozialismus

Die Euro-Zone beruht auf dem unsinnigsten Wirtschaftsprinzip, das man sich vorstellen kann, denn in ihr existieren völlig heterogene Staaten. Sie nennen zwar alle eine europäische Kultur ihr eigen, aber sie sind nicht von einheitlicher Struktur. Manche sind unterentwickelt, andere mittelentwickelt, bei manchen handelt es sich um reine Agrarländer, andere, wie England, stellen wiederum Dienstleistungsökonomien dar. 17 von ihnen hat man in eine Währungsunion gepresst, während den Bürgern eingeredet wurde, eine solche bunte Währungsunion würde funktionieren. Man versprach den Deutschen, der gemeinsame Euro sei genauso gut wie die D-Mark. Das sagte zumindest der damals amtierende deutsche Finanzminister Theo Waigel. Und man erklärte dem deutschen Volk, das Ganze sei die Voraussetzung für die eigene Zukunft und Sicherheit. Die Parole hieß doch: Wenn wir nur überall in Europa die Währung vereinigen, dann werden wir wie bei einem Geldautomaten auch stets wieder etwas herausbekommen. Man hat sich in der Politik nie Gedanken darüber gemacht, was das für den Rechtsstaat und für die Demokratie bedeutet – nämlich die Abschaffung. In Brüssel gibt es jetzt eine Art Politbüro. Wir Bürger haben mit der Transferunion einen neuen Sozialismus installiert bekommen. Die Währung wurde vergemeinschaftet. Und jetzt werden eben die Verluste, die wir mit dieser Währung machen, ebenso vergemeinschaftet. Wir bekommen aus dem Geldautomaten nichts heraus, wir müssen vielmehr ständig Geld einwerfen.

Als man mit der Einführung des Euro den Wettbewerb zwischen den Währungen abschaffte, da legte man den Grundstein für diesen Missbrauch. Es gibt keine Trennung mehr zwischen Risiko und Haftung. Wir verfügen heute über 17 Euro-Staaten mit unterschiedlichen Strukturen. Sie haben unterschiedliche Probleme und verschiedene Ziele. Sie lassen sich nicht auf einen Nenner bringen. Die Währungsunion hat zwei Dinge herbeigeführt, die zwangsläufig kommen mussten und in einem Standard-Lehrbuch der Ökonomie zu finden sind. Jeder Regierungsökonom und jeder Bankökonom hätte die eigenen Vorstände und die Minister davor warnen müssen. Es geht um falsche Zinsen und falsche Wechselkurse. Die bloße Ankündigung der Währungsunion im Zeitraum 1998/1999, also bevor der Euro als Geldschein gedruckt wurde, führte sofort dazu, dass in den heutigen Krisenländern die damaligen Zinsen zweistellig verfielen: Griechenland von 18 Prozent, Spanien von ebenso 18 Prozent, Italien von 14 bis 15 Prozent bis auf damals deutsches Niveau: sechs bis sieben Prozent! Die Zinssätze hatten sich nicht halbiert, sondern gedrittelt. Ja, sie fielen sogar unter die Inflationsrate dieser Länder; sie wurden »real negativ«. Ein negativer Zins ist aber eine Prämie aufs Schuldenmachen. Genau das ist geschehen. Damals hätten alle Wirtschaftsprofessoren aufstehen und sagen müssen: Was ihr da macht, das ist der Ruin der Marktwirtschaft. Das wird uns alles noch einmal um die Ohren fliegen.

Die heutigen Krisenländer bekamen damals einen Blankoscheck fürs Schuldenmachen in die Hand. Sie durften nach Belieben Kredite aufnehmen und Inflationspolitik betreiben.

Sie finanzierten Staatsluxus anstelle von Leistung. Schließlich garantierte die Währungsunion schriftlich (vertragsgemäß) einen Wechselkurs von 1:1. Ein griechischer Euro hat den gleichen Wert wie ein deutscher Euro. Innerhalb weniger Jahre, nachdem diese 1:1-Regelung eingeführt wurde, bekamen wir immer größere Inflationsunterschiede. Diese Inflationsdisparitäten kannten wir zuvor in Europa nicht. In Griechenland ist seit Einführung des Euro die Inflationsrate um 40 Prozent gestiegen, in Italien und Spanien um mehr als 30 Prozent. Das hätte vor der Währungsunion nach allen ökonomischen Gesetzen zur Abwertung der dortigen Währungen führen müssen. Aber dank der Währungsunion konnte nicht abgewertet werden. Das war der Freibrief dafür, zu den niedrigen Zinsen jetzt auch noch billige Auslandskredite einkaufen zu können. Man bekam diese ja Zins-billig wie auch Wechselkurs-billig. Und das Ergebnis? Das sehen wir heute. Es ist die Überschuldung, die Konkursreife. Die Politik hatte den Banken einen Freibrief dafür gegeben.

## Wie die Bürger belogen werden

Hat Deutschland vom Euro profitiert? Über die Sorgen des Mittelstandes sprachen wir schon. Jetzt geht es um die Volkswirtschaft als Ganzes. Mit dem Euro, den falschen Wechselkursen sowie den falschen Zinsen hat Deutschland seinen Zinsvorsprung vor allen anderen Europäern verloren. Dieser Zinsvorsprung war die Quittung für die D-Mark, für die harte D-Mark. Eine harte Währung bedeutet: Der Geldanleger braucht kein Währungsrisiko zu kalkulieren. Er muss nicht mit der Abwertung rechnen. Wir mussten zu D-Mark-Zeiten statt mit der Abwertung immer mit der Aufwertung rechnen. Ich habe früher als Währungsberater in den Vereinigten Arabischen Emiraten Scheichs gehört, die mich gar nicht dumm, aber naiv fragten: Sagen Sie mal, Sie geben doch für alle Geldanlagen, die wir in Deutschland machen, nicht nur einen Zins, sondern auch einen dynamischen Zuschlag. Und wenn Sie alle zwei Jahre die deutsche Währung aufwerten, dann haben wir noch mehr Geld in Deutschland. Warum machen Sie das eigentlich? Nun, habe ich gesagt, wir machen das nicht für Sie. Wir machen das für unsere Bürger. Denn jeder Bürger hat mehr von seinem Geld und bekommt mehr für sein Geld, wenn seine Währung aufwertet und nicht abwertet. Und für meinen früheren Chef, Wirtschaftsminister Karl Schiller, habe ich viele D-Mark-Aufwertungen vorbereitet. Karl Schiller hatte damals eine Wahl gewonnen, es war im Jahr 1969. Schiller sagte, mit der Aufwertung der D-Mark geben wir jetzt allen Deutschen eine Sozialdividende. Die Bürger bekamen mehr für ihr Geld. Und das nicht nur, wenn sie ins Ausland reisten. Da merkten sie es ja sofort. Auch die deutsche Wirtschaft bekam mehr für ihr Geld. Sie konnte alle Vorprodukte für den Export, alle Rohstoffe, alle Energien, alle Grundstoffe günstiger einkaufen. Die deutsche Wirtschaft wurde durch die Aufwertung stärker, sie wurde konkurrenzfähiger. Sie konnte jene Ausfälle, die die Aufwertung am Produktpreis im Ausland bewirkte, spielend leicht kompensieren. Wir beobachteten da ein merkwürdiges Phänomen: Nach jeder Aufwertung der D-Mark und nach jedem Geschrei unserer Exportlobby, demzufolge die Aufwertung den deutschen Export kaputtmache, waren die Exportüberschüsse größer als davor. Das Argument, Deutschland leide unter den Verlusten des Euro, ist völlig absurd. Es ist heute noch falscher als zu Zeiten Karl Schillers, denn heute hat der deutsche Finanzminister mehr als zwei Billionen Schulden in Euro. Hätten wir noch die D-Mark und diese würde auch nur 20 Prozent gegenüber dem Euro aufgewertet, dann hätte der deutsche Finanzminister 20 Prozent weniger Schulden. Vor diesem Hintergrund ist es absolut unverständlich, dass ein inzwischen hoch verschuldetes Land wie Deutschland eine Regierung hat, die sich gegen die Aufwertung wendet. Sie müsste eigentlich sagen: Die Aufwertung ist der Weg, um unsere Bürger und ihre Kinder von der drückenden Steuerlast wenigstens um 20, 30 Prozent zu entlasten. Deutschland ist mit der Euro-Einführung zum Schlusswagen im europäischen Konjunkturzug geworden. Unser Wirtschaftswachstum wurde immer langsamer, weil ein immer größerer Teil unserer Ersparnisse in der Euro-Zone investiert wurde. Das sind, wie das ifo-Institut berechnet hat, im Durchschnitt der vergangenen zehn Jahre zwei Drittel gewesen. Nun ist aber ein Land, das zwei Drittel seiner Ersparnisse in der Euro-Zone anlegt, wohl kaum vom Euro begünstigt. Es hat vielmehr genau jenes Geld verloren, das wir im Inland dringend gebraucht hätten für unsere Infrastruktur, für Universitäten und für Sozialleistungen.

Diese Transferunion hatten wir vom ersten Euro-Tage an. Sie lief zunächst über den privaten Kredit der deutschen Banken an Euro-Länder. Jetzt aber haben sich die privaten Banken finanziell verhoben. Sie haben sich verspekuliert. Und in wessen Interesse liegt es jetzt, aus der privaten Transferunion eine öffentliche zu machen? Die Kredite, die man gegeben hat, sollen sozialisiert werden. Sie werden von der öffentlichen Hand und dem ESM übernommen. Die Banken wissen ganz genau, warum sie den ESM brauchen, und auch schon den Vorläufer des ESM, den EFSF, benötigten. Die Banken setzen klar darauf, dass ein möglichst großer Prozentsatz der verzockten Gelder über diese Rettungsfonds »sozialisiert« wird. Und sie setzen natürlich auch darauf, dass die Bürger das alles nicht verstehen.

Schlägt man heute einen Bundesbankbericht auf, dann taucht da ein Posten auf, den es früher nie gab. Er trägt den Untertitel »TARGET2«. Er kam im Frühjahr 2012 bei mehr als 500 Milliarden Euro an. Das ist eine halbe Billion. Und die

Erklärung? Da kommt Geld aus Griechenland und aus den anderen Ländern der Euro-Zone, und es landet bei unseren Banken. Es wird nicht etwa als Kredit weitergegeben. Nein, es wird bei der Bundesbank gebunkert, denn da ist es ja sicher. Was macht die Deutsche Bundesbank mit dem Geld? Sie gibt es der Europäischen Zentralbank. Und was macht diese damit? Sie gibt es der griechischen Zentralbank im Wege des Liquiditätsausgleichs zwischen den Zentralbanken der Euro-Zone. Das ist der Zahlungsverkehr auf der Zentralbankebene. Im Klartext: Lange bevor der ESM in Kraft trat, hatten wir bereits einen ESM auf der Zentralbankebene, einen Mechanismus, der auf dieser Ebene viel mehr Geld in diese Länder pumpt, als auf der sichtbaren Ebene der Finanzmärkte. Das verschweigt man uns. Wenn man sich die Berichte der Deutschen Bundesbank und die Zahl von 500 Milliarden Euro ansieht, dann weiß man, was da gespielt wird. Leider werden diese Themen nur unter Experten behandelt. Also unter Ausschluss der Öffentlichkeit.

## Die Verwechselung der schwäbischen Hausfrau mit dem Staat

Der Deutsche Bundestag könnte das alles ändern. Er könnte die Bürger auch wahrheitsgemäß aufklären. Er müsste allerdings andere Parteien und Abgeordnete haben. Diese Blockparteien, über die wir derzeit verfügen, kennen beim Thema Euro nur eines: weiter so, Augen zu und durch. Nur: Diese Politiker werden die Deutschen in die Verarmung führen. Da nützt dem einzelnen Bürger auch eine noch so gute Geldanlage nichts. Denn wenn eine Nation verarmt, dann gehen alle Vermögen verloren, auch die scheinbar sicheren. Auch die Goldpreise und die Immobilienpreise steigen nicht ewig. Es entstehen vielmehr ebensolche Blasen, wie sie in Ländern wie Griechenland oder Spanien geplatzt sind. Die Politik, die wir haben, kann nur noch in der Verarmung Deutschlands enden. Die EU wird zusammenbrechen, denn ohne Deutschland gibt es keine Euro-Währung und ohne Euro-Währung keine EU. Unsere Politiker spielen mit dem Feuerzeug am Benzinkanister. Die vermeintliche Euro-Rettung ist keine. Es ist nur die Vorbereitung der Explosion. Und die Explosion wird schon gezündet. Sie läuft über die weiter oben beschriebenen Zentralbankkredite, die in der Bevölkerung kaum wahrgenommen werden. Sie läuft über die wahrnehmbaren Kredite der EZB, die die Schrottanleihen kauft. Warum sollten die Politiker aus ihrer Sicht aufhören mit der Defizitpolitik? Sie bekommen ja immer irgendwie neues Geld und zündeln damit weiter.

Hinter alldem steht noch eine zweite ökonomische Ungeheuerlichkeit: die Verwechselung der schwäbischen Hausfrau mit dem Staat. Nur: Die schwäbische Hausfrau weiß nicht nur zu sparen. Sie verlangt auch, dass andere sparen. Somit verlangen wir von Griechenland und Italien wie auch von Portugal und Irland, dass sie sparen. Wir wollen, dass diese Länder entsprechende Programme in Angriff nehmen. Ohne Sparmaßnahmen gibt es keinen Kredit. Die schwäbische Hausfrau ist viel klüger als unsere Politiker. Sie weiß, dass man mit einem sinkenden Einkommen nicht immer mehr sparen kann. Die Vorstellung unserer Politiker, dass man Ländern wie Griechenland ein Rettungsprogramm gibt, aber gleichzeitig stärkere Sparmaßnahmen im Gegenzug für Kredite fordert, das ist ökonomisches Dynamit. Das haben die armen EU-Länder inzwischen auch gemerkt. Sie können die Bedingungen nicht erfüllen. Sie rutschen jetzt immer tiefer in die Krise. Die Jugend in diesen Ländern weiß das und geht daher in Athen, in Madrid und in Lissabon auf die Straße. Die Jugendarbeitslosigkeit macht in den drei Ländern nahezu die Hälfte der Gesamtarbeitslosigkeit aus, während diese in der Gesamtbevölkerung zwischen 20 und 25 Prozent liegt. Und sie steigt ständig. Diese Politik führt zur Verelendung Südeuropas und damit geradewegs in die Unregierbarkeit. Diese Länder verlieren so ganz sicher die Demokratie. Es wird nicht mehr lange dauern, dann werden wahrscheinlich die Generäle kommen wie in Ägypten. Aber auch Generäle können das Problem nicht lösen. Diesen Ländern wird ihre Würde und ihre nationale Identität genommen. Sie werden zu Finanzprotektoraten der EU und ihrer »Troika«. Das haben die Menschen in diesen Ländern nicht verdient, schließlich sind sie mit ihren Politikern schon gestraft genug.

## Schauen Sie sich einmal die Euro-Geldscheine genauer an

Seitdem ich Griechenland kenne, regieren dort drei Familien, die sich gegenseitig abwechseln. Im Frühjahr 2012 bekamen die Griechen einen Technokraten als Regierungschef. Er war der langjährige Vizepräsident der Europäischen Zentralbank. Dieser Herr Papademos will nach eigenen Angaben sechs Jahre lang nicht gewusst haben, was finanziell in seinem Heimatland vorging. Und nun avancierte er zum finanziellen Retter Griechenlands. Das alles ist ein abgekartetes Spiel. Überzeugen Sie sich selbst davon: Werfen Sie einen Blick in ihr Portemonnaie und schauen Sie sich einen Euro-Schein genauer an. Dann muss Ihnen auffallen, was Ihnen bisher wohl niemals aufgefallen ist. Unter der – hier beispielhaft ausgewählten – lateinischen Inschrift »20 Euro« findet sich die griechische Inschrift »EYPO«. Die Geldscheine wurden entworfen und gedruckt, *bevor* Griechenland in die Euro-Zone eintrat. Das heißt im Klartext: Es war schon von Anfang an festgelegt, dass wir die

Griechen beim Euro im Boot haben werden. Sie wurden einfach aufgenommen. Und sie wussten das. Sie haben später gefälschte Zahlen nachgeliefert. Aber das interessierte kaum. Die Griechen hatten den Euro von Anfang an nicht verdient. Das ist die Wahrheit.

Man muss lange, wirklich lange in der Geschichte suchen, bis man einen Berg so vieler Lügen und so vieler Täuschungen zusammenbekommt, wie er uns beim Thema »Einführung und Rettung des Euro« aufgetischt worden ist. Ich kann mich nicht erinnern, Zeiten nach 1945 erlebt zu haben, die so voller Propagandalügen waren wie die vergangenen Jahre. In der Politik wird ständig gelogen. Aber so verheerend und so gegen jede ökonomische Vernunft gelogen wie heute wurde noch nie.

Wir brauchen wieder Kämpfer für die Marktwirtschaft. Wir brauchen Vorkämpfer für stabiles Geld – für ein Geld, das wir erst wieder einmal bekommen müssen. Was ist das Prinzip des stabilen Geldes, und was ist das Prinzip einer stabilen Geldgemeinschaft? Man braucht dazu einen Wettbewerb von Währungen. Genau das ist unser zentrales Problem. Wenn Sie nationale Währungen haben, dann ist die nationale Währung nicht der Krankenschein der gesellschaftlichen Verhältnisse wie der Euro, sondern ganz im Gegenteil, es ist der Leistungsschein. Denn im Wechselkurs dieses Geldes zeigt sich die Leistung einer Nation. Deutschland vor dem Euro mit seinen stabilen Währungsverhältnissen und seinen großen Exportüberschüssen hatte logischerweise auch die stabilste Währung in Europa. Je weiter Sie in den Süden kommen, desto fröhlicher werden die Menschen, weil sie meist keine Vorsorge für Haus und Herd treffen. Und die Bananen wachsen bekanntermaßen in Afrika von selbst. Die braucht man nicht anzupflanzen. Afrika fängt bis zu einem gewissen Grade in Südeuropa an. Deswegen fahren wir ja dorthin, um griechische oder italienische Sorglosigkeit zu erleben. Nur bedeutet das beim Thema »Währung«

eben, dass Südländer früher eine Währung hatten, die immer weiter abgewertet wurde. Das war die Konsequenz ihrer inneren Inflation. Vielleicht haben die Menschen dort auch ganz gut damit gelebt. Aber eines war ganz sicher nicht richtig: diese Währungsverhältnisse auf andere zu übertragen. Zurück zu nationalen Währungen heißt heute zurück zum Währungswettbewerb – und dann gibt es automatisch im Wechselkurs der Währungen die Quittung dafür, wie eine Nation gewirtschaftet hat: gut oder schlecht. Das ist die Verantwortung einer Gesellschaft für sich selbst. Die zeigt sich in der Währung. Genau solche Verhältnisse brauchen wir wieder.

## Wie wir die Krise meistern können

Ein englischer Lord stiftete 2012 einen Preis für Vorschläge, wie man nach der Euro-Katastrophe Europa wieder stabilisieren könne. Ich unterbreitete dem Lord in meinem besten Englisch zwei Vorschläge, die ich Ihnen jetzt auch aufzeigen möchte. Der eine ist ganz einfach. Wir gehen zurück zu den Vor-Euro-Verhältnissen, und wir machen aus der Europäischen Währungsunion wieder das, was sie vorher war: eine Wechselkursunion. Die besaßen wir ja. Alle Währungen in Europa waren national, aber es gab Verträge über die Wechselkurse. Dabei handelte es sich um das Europäische Währungssystem, das unsere Freunde, die Engländer, viel genauer übersetzten, indem sie immer nur von einem »exchange rate mechanism«, von einem Wechselkursmechanismus sprachen. In diesem Wechselkursmechanismus hatten wir eine Scheinwährung. Es gab da eine Recheneinheit, die wir nie wirklich im Geldbeutel hatten. Es sei denn, man war Luxemburger. Die Scheinwährung hieß ECU. Nur die Luxemburger konnten sich damals den Spaß erlauben, diesen ECU als Nickelmünze umlaufen zu lassen –

und so konnte man für zwei ECU auch ein Glas Bier in einer luxemburgischen Gaststätte trinken. Der künftige neue Euro könnte als neue Scheinwährung automatisch ein zweiter ECU werden. Nicht als Geld in unseren Portemonnaies, sondern einfach als eine abstrakte Recheneinheit für die Festlegung von Wechselkursen. Das spielt dann nur eine Rolle auf der Ebene der Zentralbanken. Das hatten wir früher, und es war ein ganz vernünftiges System. Der gemeinsame Markt funktionierte jedenfalls nie besser, und es gab nie goldenere Zeiten für Europa als in den 40 Jahren vor dem Euro. Es war ein Fehler zu behaupten, die gemeinsame Währung kröne den gemeinsamen Markt. Ein gemeinsamer Markt schafft etwas, was für Europa lebenswichtig ist: die Handelsverflechtung, die wirtschaftliche Verflechtung, die realwirtschaftliche, aber nicht die Währungsverflechtung. Denn Währungsverflechtung, das sehen wir jetzt, ist ja nur ein anderes Wort für Schulden. Und das wechselseitige Schuldenmachen muss begrenzt werden. Es darf niemals über das hinausgehen, was sich Völker wechselseitig an Import und Export finanzieren. So einfach ist das.

Ich schlug dem Lord noch ein zweites Modell vor. Dieses hatte ich aus der Geschichte früherer Zusammenbrüche, die sehr interessant ist, entlehnt. Nach dem Ersten Weltkrieg brachen in den Jahren 1918/19 große Reiche zusammen: das zaristische Russland, das Osmanische Reich und vor unserer Haustüre auch das Habsburger Reich. Es waren Vielvölkerstaaten, die sich plötzlich renationalisierten, was ganz vernünftig war. Das zerfallende Österreich entwickelte dabei unter seinem Ökonomen und Finanzminister Josef Schumpeter folgendes Modell: Das alte Geld blieb. Und das neue kam. So verfügte man im zerfallenen Habsburger-Reich über tschechische Kronen, ungarische Pengö (heute sind es Forint) und ein Dutzend neuer nationaler Währungen – während die alte Währung weiterlief. Das verursachte keine Kosten und keine Zusammenbrüche, wie sie an die Wand gemalt werden. Die Menschen hatten eine Wahl: Sie konnten das alte Geld ausgeben und das neue sparen oder umgekehrt, ganz wie sie wollten. Jeder konnte selbst entscheiden, welches Geld er für sicherer hielt. Erst viele Jahre nach dem Zusammenbruch der Reiche löste man dann in den Nationalstaaten die alte Reichswährung zu einem bestimmten Wechselkurs ab und ließ nur noch die neue Währung existieren. Es war ein System des gleitenden Übergangs, ohne Krise, ohne Chaos, ohne Bankenzusammenbrüche. Die Krise wurde ohne ungeheure Kosten gelöst. Man brauchte nur das Geld für den Druck der neuen Geldscheine.

Ich bin zur Abfassung eines Gutachtens in ein Land in Europa gefahren, das dieses System praktiziert: Albanien. Dort besitzt man als nationale Währung den Lek. Und nebenher gibt es den Euro. Der Zentralbankgouverneur sagte mir: Wir leben großartig damit. Die Griechen schichten nach seinen Angaben jedes Jahr neun Millionen vom griechischen Euro in den Lek um. Der Lek wertet so auf und der Euro schwächelt.

Wir kommen also bei der Lösung der Euro-Krise ohne die Revolution auf der Straße aus, wenn wir auf die Evolution der Märkte setzen. Sie sind es, die irregeleitete Regierungen disziplinieren. Falls das Euro-Problem jetzt nicht im Sinne einer Auflösung der Währungsunion und der Rückkehr zu nationalen Währungen bereinigt wird, dann geht der Euro den Weg des alten Transferrubels der früheren UdSSR und der Mark, aber nicht der D-Mark, sondern der Mark der DDR. Genau das gilt es zu verhindern. Unser Land kann seinen Wohlstand und seine Stellung in der Welt nur mit einer harten, stabilen Währung behalten, wie es die D-Mark ein halbes Jahrhundert lang war. Sie war Maßstab nicht nur für Deutschland, sondern für ganz Europa. Das ist die Lehre, die es aus der Euro-Krise zu ziehen gilt.

# Vorsicht Bürgerkrieg! Sind auch in Deutschland innere Unruhen zu erwarten?

Dr. Udo Ulfkotte

## Was die Medien uns verschweigen

Politik ist die Kunst, die Bevölkerung so schnell über den Tisch zu ziehen, dass die Menschen glauben, die dabei entstehende Reibungshitze sei Nestwärme. Dummerweise entstehen neben der Reibungshitze aber auch Reibungsverluste. Die uns von der Politik aufgebürdeten Reibungsverluste werden gewaltig sein. Langsam, ganz langsam werden wir seit vielen Monaten schon von der Politik und den Medien an diese Verluste herangeführt. Nach und nach wachen die Menschen jetzt auf und erkennen, was ihnen bevorsteht. Und es gibt immer mehr Orte, da fehlt nur noch der zündende Funke, bis es zur Explosion kommt. Viel zu lange hat sich die Wut aufgestaut. Viel zu lange hat man den Menschen die Wahrheit schlicht vorenthalten und sie an der Nase herumgeführt. Leben bedeutet Veränderung – auch wenn wir sie nicht wollen. Nunmehr stehen wir vor gewaltigen Veränderungen. Vielen Menschen wird das erst ganz langsam bewusst.

Dabei haben wir geglaubt, besser als jede Generation vor uns informiert zu sein. Ein Mensch, der im Mittelalter lebte, erhielt in seinem ganzen Leben weniger an Informationen, als wir sie heute in nur einer einzigen Ausgabe einer Tageszeitung finden. Heute werden wir mit einer unglaublichen Masse an Informationen bombardiert. Diese Informationsfreiheit ist inzwischen zu einer Gefahr für die Regierenden geworden. Es gibt kaum noch etwas, das man auf Dauer vor den Menschen verheimlichen kann. Der Autor dieses Beitrages arbeitete 17 Jahre für die *Frankfurter Allgemeine Zeitung*, und er hatte sechs Hausdurchsuchungen wegen des Verdachts auf Geheimnisverrat. Zwar wurden alle Verfahren eingestellt, aber man sieht an diesem Beispiel deutlich, wie schnell die Regierenden nervös werden, wenn ihnen nicht genehme Informationen verbreitet werden.

Bevor wir auf die Auswirkungen der sich abzeichnenden wirtschaftlichen Kernschmelze im Euro-Raum zu sprechen kommen, sollten wir uns vor Augen führen, welchen Informationen man eigentlich noch vertrauen kann. Ich selbst glaube Journalisten kein Wort mehr. Ich hebe das hervor, obwohl ich selbst als Journalist tätig bin. Niemals zuvor habe ich eine so verlogene Berufsgruppe erlebt, wie es die Journalisten sind. Dazu nur ein Beispiel, das keiner weiteren Erklärung bedarf: Als ich 1986 zur *Frankfurter Allgemeinen Zeitung* kam, da war ich naiv und blauäugig. Das Schicksal fügte es zufällig so, dass ich dort später Kriegsberichterstatter wurde. Meinen ersten Kriegseinsatz erlebte ich 1988 zum Ende des irakisch-iranischen Krieges, der von 1980 bis 1988 dauerte. Ich wurde von den Irakern eingeladen, zusammen mit anderen Journalisten von der Kriegsfront zu berichten. Als ich in Bagdad den Bus der irakischen Armee bestieg, fand ich dort nur erfahrene Kriegsberichterstatter vor. Alle großen Sender und Medien der Welt waren vertreten. Ich war der einzige Neuling. Ich schämte mich zunächst beim Blick in die Runde, weil ich offensichtlich vergessen hatte, einen Benzinkanister mitzunehmen. Sah ich doch, dass zumindest jedes Fernsehteam einen solchen mitführte. Ich glaubte allen Ernstes, es sei irgendwie ein Akt der Solidarität, falls der Bus in der Wüste ohne Treibstoff liegenbleiben würde, etwas davon beizusteuern und eben einen solchen Kanister mitzubringen. Wir fuhren stundenlang durch die Wüste und hielten etwa 30 Kilometer vor der iranischen Grenze. Es gab dort nichts außer Sand, keine Armee, keine Gefechte, keinen Krieg. Doch da standen einige alte ausgebrannte Panzer. Und nun erfuhr ich, wofür man die Benzinkanister brauchte. Die erfahrenen Fernsehjournalisten gossen Benzin über die alten Panzer, steckten sie in Brand und sprachen vor den lodernden Flammen ihre Berichte in die Kamera. Sie suggerierten den Zuschauern, sie seien inmitten des Kriegsgeschehens. In Wirklichkeit waren wir nur inmitten der Wüste. Damals gab es noch keine Satellitenübertragung. Alles wurde aufgezeichnet, und anschließend fuhren wir zurück nach Bagdad. Von dort wurde das Material in alle Welt überspielt. Natürlich hatte man zuvor noch Maschinengewehrfeuer auf die Tonspur gespielt, damit alles lebensecht wirkte. Zufälligerweise war ich auf vielen der Bilder, die anschließend in deutschen Nachrichtensendungen ausgestrahlt wurden, im Hintergrund zu sehen. Da ständig »geschossen« wurde und es scheinbar überall Einschläge gab, glaubten meine Freunde in Deutschland, ich sei ums Leben gekommen. Als ich ihnen später zu erklären versuchte, dass wir einfach nur inmitten der Wüste gezündelt hatten, da glaubten sie es mir nicht. Sie hatten doch im Fernsehen »gesehen«, wie um mich herum geschossen wurde. Seither glaube ich keinem Filmbeitrag mehr, der im Fernsehen ausgestrahlt wird. Und auch keinem anderen Journalisten.

Nun mögen wir Menschen alle unterschiedlich aussehen, unterschiedliche politische Auffassungen haben, verschiedenen Religionsgemeinschaften angehören, verschiedene Hautfarbe oder Vermögen haben – aber wir alle wollen die Wahrheit wissen. Wenn wir in diesem Kapitel von einer schweren Krise sprechen, dann werden viele Leser zunächst sagen: Krise, welche Krise? Denn solange es noch Übergangsgeld, Kurzarbeitergeld, Arbeitslosengeld, Kindergeld, Erziehungsgeld, Hartz-IV-Geld, Wohngeld, Rente und Sterbegeld gibt, kann es den Menschen im deutschsprachigen Raum ja nicht so schlecht gehen. Dabei werden wir sehen, dass hinter den Kulissen der Macht längst schon mit schweren inneren Unruhen für den Fall des wirtschaftlichen Zusammenbruchs gerechnet wird. Und man bereitet sich konkret auf diese vor.

## Was passiert eigentlich beim Zusammenbruch direkt vor Ihrer Haustüre?

Bürgerkriege in Europa, gar im deutschsprachigen Raum? So ein Quatsch! werden viele Leser zunächst denken. Aber könnte eine solche Reaktion vielleicht auch daran liegen, dass wir Durchschnittsbürger in diesem Teil der Welt eben einige wichtige Informationen nicht bekommen? Haben Sie sich jemals gefragt, was eigentlich in der Realität passieren könnte, wenn unser Papiergeld, der Euro, als Währung zusammenbricht? Können Sie sich die Folgen auch nur halbwegs vorstellen? Was passiert eigentlich bei so einem Crash in unserer unmittelbaren Umgebung? Das, was wir erleben werden, ist Folgendes: Die Bankautomaten funktionieren nicht mehr. Die Just-in-time-Lieferung stoppt. Nicht nur die Supermärkte, sondern unser ganzes Versorgungs- und Nachschubsystem wird auf einen Schlag unterbrochen. Denn jeder Lieferant will schließlich seine Ware bezahlt bekommen. Auf einen Schlag ist dann alles anders. Und es geschieht noch viel mehr.

Das, was wir nicht sofort sehen, ist vor allem: Die europäischen Wohlfahrtsstaaten brechen zusammen. Die Briten bereiten sich im Gegensatz zu Deutschen und Österreichern auf diese Gesamtlage schon jetzt vor. Zehntausende britische Rentner, die in Südfrankreich, Portugal, Spanien und Griechenland leben, werden im Falle eines Euro-Crashs sofort mit militärischem Geleitschutz heimgeholt. Schließlich werden dann die Bankautomaten nicht mehr funktionieren, die Rentner können ihre Mieten nicht mehr bezahlen, es wird Unruhen geben. Die Pläne zur Evakuierung der Briten wurden im Frühjahr 2012 veröffentlicht.

Auch die Vereinigten Staaten von Amerika bereiten sich auf den Fall des Euro-Zusammenbruchs mit ähnlichen Maßnahmen vor. Die US-Militärstützpunkte in Europa werden dann für die Evakuierung amerikanischer Staatsbürger geöffnet. Die Turnhallen und Schulen dieser Einrichtungen, die amerikanische Flüchtlinge in Europa bis zur Evakuierung aufnehmen sollen, wurden ebenfalls Anfang 2012 auf diese mögliche Lage vorbereitet.

Wie wir noch sehen werden, basteln wir im deutschsprachigen Raum unentwegt an Rettungsschirmen für viele Länder der EU – nur wir selbst werden im Notfall keinen Rettungsschirm haben. Wir scheinen derzeit wie in Trance zu sein, bei der wir uns als Zuschauer bei einem Fußballspiel befinden und einfach nur gebannt aufs Spielfeld schauen – ohne mitzubekommen, was sonst »da draußen« noch abläuft. Auf einen Schlag werden wir irgendwann aber aufwachen. Die Realität lautet dann rückblickend: Sozialstaat heißt, Bedürftigkeit und wirtschaftlicher Misserfolg werden durch Transferleistungen belohnt. Und Erfolg und Leistungsbereitschaft im Leben werden durch Steuern und Abgaben bestraft. Es war lange Zeit politisch korrekt, innenpolitisch den Eindruck zu vermitteln, dass Besserverdiener – wie es beispielsweise viele Selbstständige sind – allen anderen etwas gestohlen haben. Diese Auffassung ist inzwischen in jedem EU-Land anzutreffen. Und die Europäische Union verstand sich in den vergangenen Jahren immer mehr als eine Art Weltsozialamt. Alles musste aus Brüsseler Sicht sozial gerecht umverteilt werden, wir nahmen in Europa immer mehr Bedürftige auf – sowohl Staaten des Kontinents als auch Menschen aus fernen Ländern.

Die Europäische Union wurde zu einer sozialen Transferunion. Manche Länder – wie Deutschland, die Niederlande oder Schweden – zahlten viel ein, während andere – beispielsweise Griechenland, Irland oder Portugal – viel herausholten. Mit den Rettungsschirmen bekam das Wohlfahrtssystem der EU schließlich eine völlig andere Größenordnung. Wir verdrängten das über lange Zeit, und während sich dunkle Wolken am Horizont unserer Sozialstaaten abzeichneten, brüllten wir immer weiter nach dem Motto »Einer geht noch, einer geht noch rein«. Und machten weiter mit der EU-Erweiterung, als wäre nichts geschehen.

Nun stehen all die vielen Sozialstaaten in der EU vor dem absehbaren Bankrott. Das sagt sich so leicht. Aber was heißt es konkret, wenn die Sozialstaaten zusammenbrechen und Leistungen extrem zurückfahren werden? Schon bei der geringsten Ankündigung von Sparpaketen gibt es ja bekanntermaßen überall Proteste.

Jeder von uns ist inzwischen über die immer größeren Schulden der EU-Staaten informiert. Aber viele andere wichtige Daten kennen wir nicht. Etwas mehr als sechs Prozent der Deutschen beziehen Hartz IV. Doch 120 Prozent der Kosovo-Albaner bekommen in Deutschland Hartz IV. Sie haben richtig gelesen: 120 Prozent. Also nicht nur jeder Kosovo-Albaner, der hier lebt, sondern jeder fünfte auch noch doppelt! 90 Prozent der Libanesen leben in Deutschland von Hartz IV, 64 Prozent der Iraker, 47 Prozent der Afghanen. Man könnte die Auflistung lange fortsetzen. Versuchen Sie sich einfach einmal vorzustellen, wie jene Kosovo-Albaner, die schon heute zu mehr als 100 Prozent von Hartz-IV-Leistungen leben und vor allem in der Kriminalstatistik auffallen, reagieren werden, wenn der Sozialstaat nach dem Euro-Crash zusammenbricht. Und wie werden all die anderen Zuwanderergruppen reagieren, die es gewohnt sind, in den europäischen Sozialstaaten vor allem als Leistungsbezieher aufzufallen? In Deutschland leben mehr als zwei Millionen Menschen von der Migrations- und Integrationsindustrie. Was passiert, wenn diese zwei Millionen Beschäftigten zuzüglich ihrer Millionen Schützlinge von heute auf morgen vor dem sozialen Aus stehen?

Die Politik hat uns seit Jahren versprochen, dass diese Gruppen einmal unsere Renten- und Sozialversicherung finanzieren und uns im Alter versorgen werden. Davon ist bisher nichts zu spüren. Es kommt stattdessen noch schlimmer: Völlig unabhängig von einem absehbaren Wirtschaftscrash wandern jedes Jahr 160 000 gut ausgebildete Deutsche aus. Mit jedem ausgebildeten Arzt, der das Land verlässt, verlieren wir eine Million Euro Steuern, die er in seinem Leben hier gezahlt hätte. Darüber hinaus, und das darf nicht vergessen werden, kostet uns auch seine Ausbildung viel Geld. Der Steuerzahler wendet zum Beispiel für die Qualifizierung eines Akademikers mehrere 100 000 Euro auf. Und jede Handwerkerausbildung kostet uns Steuerzahler etwa 60 000 Euro. Kann sich die Situation noch mehr verschärfen? Die einen wandern seit Jahren in Massen ab: gut ausgebildete Deutsche mit Zukunftsperspektive, während die anderen – die Zuwanderer –, die gekommen sind, überwiegend aus sozial schwachen Familien stammen und keine Chance im deutschsprachigen Raum haben. All diese Widersprüche treffen nun bei einem Wirtschaftscrash aufeinander. Jeder Lösungsweg ist verbaut. Unser Niedergang ist nun einmal auf vielen Ebenen vorgezeichnet.

## Mitten in Europa sind neue große Wanderungsbewegungen absehbar

Das beschriebene Szenario kann nur in einem großen Knall enden. EU-Kommissionspräsident José Manuel Barroso hielt im Juni 2010 eine Rede vor europäischen Gewerkschaftsvertretern und warnte in Zusammenhang mit der Euro-Krise vor Bürgerkriegen, vor der Rückkehr von Diktaturen und dem Ende der Demokratien in mehreren EU-Staaten. Haben Sie in Deutschland jemals etwas davon gehört? Nein, ganz sicher nicht. Wir hören nur immer, dass wir jetzt noch einmal ein Rettungspaket schnüren müssen – und schon können wir uns angeblich wieder auf die Zukunft freuen. Dabei sieht diese, genau wie Realität, völlig anders aus.

Zeitgleich zu Barrosos Rede sorgte in der ansonsten eher ruhigen Schweiz ein ähnlicher Bericht für innenpolitische Unruhe. Die Sicherheitspolitische Kommission (SiK) des in Bern ansässigen Schweizer Nationalrats wurde von der dortigen Armeeführung über in absehbarer Zeit zu erwartetende mögliche innere Unruhen und Flüchtlingstrecks in der Europäischen Union unterrichtet. Die Zukunft der EU sieht demnach möglicherweise völlig anders aus, als wir es abends im Fernsehen präsentiert bekommen. Der Schweizer Armeechef André Blattman erklärte damals ganz offen: »Auch in Europa können Situationen entstehen, die wir uns heute gar nicht vorstellen können.« Demnach müssen wir in absehbarer Zeit mit schweren, länderübergreifenden Unruhen in Europa rechnen. Nicht nur in Griechenland, sondern auch in Spanien, Frankreich, Italien und Portugal – und die Unruhen werden auch auf den deutschsprachigen Raum übergreifen. Die Folgen für die Schweiz und die EU? Die eigene Armee wie auch die Armeen der anderen europäischen Staaten müssen sich demnach sogar auf Kampfeinsätze vorbereiten. Denn die nach dem Zusammenbruch der Sozialsysteme und dem Euro-Crash sich verschlechternde wirtschaftliche Lage werde gewaltige Flüchtlingsströme innerhalb Europas entstehen lassen. Zu deren Abwehr könnte eben sogar ein Schweizer Armeeeinsatz notwendig werden, wenn Bürger aus Ländern mit einer schwierigen finanziellen Lage massenhaft in die Schweizer Sozialsysteme einzuwandern versuchten. Armeechef Blattmann erklärte wörtlich: »Auch große Migrationsströme könnten einen Einsatz nötig machen. Denken Sie nur an die wirtschaftliche Situation in Griechenland: Plötzlich steht in einem EU-Land der Staat vor dem Bankrott!«

Das klingt für viele Leser derzeit natürlich noch reichlich absurd. Die meisten Durchschnittsbürger haben wahrscheinlich noch nie etwas von diesem Szenario gehört und halten es für ziemlich unrealistisch. Bei genauer Betrachtung sind in der EU jedoch gewaltige Konfliktpotenziale zu erkennen, von dem enormen Wutstau der Bevölkerungen ganz zu schweigen.

Der Autor dieses Beitrages kann auf 17 Jahre Erfahrung als Berichterstatter der *Frankfurter Allgemeinen Zeitung* in Bürgerkriegsgebieten zurückblicken. Eine seiner Erfahrungen lautet: Jeder Wutstau entlädt sich irgendwann. Besonders schlimm wird es, wenn es nichts mehr zu verteilen gibt. Dann stehen sich mit einem Male in Europa wie auch im deutschsprachigen Raum Linke und Rechte gegenüber, Arme und Reiche, Arbeitslose und Arbeitsplatzbesitzer, Inländer und Ausländer, Religiöse und Nichtreligiöse und viele andere Gruppen.

In der Vergangenheit versuchten wir jede Unzufriedenheit mit viel Geld einzudämmen. Der Wohlfahrtsstaat hatte für jedes Bedürfnis eine finanzielle Regelung parat. Dummerweise haben wir jetzt schon die Steuergelder der noch nicht einmal gezeugten Kinder ausgegeben. Wir haben schlicht nicht mehr das Geld, um den explodierenden Wutstau abzufangen.

Damit das System noch eine Weile hält, bekommen wir die

Wahrheit nur ausschnittsweise mitgeteilt. Sie müssen dazu beispielsweise hinsichtlich des Themas »Finanzen« wissen: Angela Merkel, die deutsche Bundeskanzlerin, hat die Chefs der wichtigsten deutschen Medien mehrfach dazu aufgefordert, die Bevölkerung nicht über die wahre Lage und über den bevorstehenden wirtschaftlichen Crash zu unterrichten. Das ist unstrittig und wurde mittlerweile von vielen Medienvertretern bestätigt. Bereits am 8. Oktober 2008 gab es ein erstes Treffen zu diesem brisanten Thema mit den wichtigsten Medienchefs im Kanzleramt, bei dem diese aufgefordert wurden, die sich abzeichnende Krisenlage möglichst schönzureden. Das war übrigens drei Tage, nachdem Frau Merkel im Fernsehen eine Staatsgarantie für Sparguthaben abgegeben hatte, um einen Bankrun zu verhindern. Seit Oktober 2008 gibt es immer wieder neue Aufforderungen an die wichtigsten Medienchefs, im Staatsinteresse zwar über finanzielle Probleme zu berichten, aber die Auswirkungen zu beschönigen.

»Man kann einen Teil des Volkes die ganze Zeit täuschen und das ganze Volk einen Teil der Zeit. Aber man kann nicht das gesamte Volk die ganze Zeit täuschen.« Das hat einmal Abraham Lincoln gesagt. Wir Bürger im deutschsprachigen Raum werden schon lange getäuscht. Ebenso wie der Euro zusammenbrechen wird, wird es hier vor unseren Haustüren auch schwere Unruhen geben. Schließlich sind dann große Teile der Ersparnisse der Bürger einfach weg. Sie lösen sich in Luft auf. Und die Wut wird explodieren.

Schauen Sie zwischendurch einmal aus dem Fenster – sehen Sie irgendwo bürgerkriegsähnliche Auseinandersetzungen oder schwere Unruhen? Nein! Alles Quatsch also – oder? Was soll das Gerede? Das Reihenhäuschen steht doch noch, der Bäcker hat offen und die Überweisungen werden pünktlich gebucht. Also immer schön ruhig bleiben, heißt bei vielen die Devise, wenn sie – mit der Fernbedienung in der Hand – gelassen vor dem Fernseher sitzen. Da sieht man doch nirgendwo Bilder, zumindest aus deutschen Landen, von drohendem Unheil, oder?

Der Eindruck täuscht. Fakt ist: Die EU bereitet derzeit in aller Stille die totale Finanzkontrolle in Bezug auf alle Bürger vor. Dabei geht es auch um IHR Geld. Zudem wappnet sich die Europäische Union gegen schwere innere Unruhen. Man spricht nur nicht öffentlich darüber, und man hört auch nichts davon in den Hauptnachrichtensendungen. Fakt ist außerdem: Die EU richtete schon im Februar 2009 ein Lagezentrum in Brüssel für erwartete schwere innere Unruhen ein. Und von Medien sowie Öffentlichkeit unbemerkt werden jetzt überall in Europa Sondereinsatzkräfte darauf vorbereitet, diese zu erwartenden sozialen Proteste mit Gewalt niederzuschlagen.

## Ein Geheimbund von Spitzeln zur Überwachung unzufriedener Europäer

Nicht einmal die mit der Kontrolle der Geheimdienste befassten deutschen Abgeordneten wussten bis zum März 2012, dass es schon seit mehreren Jahren einen europäischen Geheimbund von Spitzeln gibt, dessen Ziel vor allem EU-Gegner und Euro-Kritiker sind. Der Gruppierung namens *European Cooperation Group on Undercover Activities* (ECG) gehören nicht nur Mitarbeiter von Sicherheitsbehörden aus EU-Staaten an. Auch Albanien, Kroatien, Mazedonien, Norwegen, Russland, die Schweiz, Serbien, die Türkei und die Ukraine sitzen mit am Tisch, wenn es um die Bekämpfung von »politisch motivierter Kriminalität« mit EU-Bezug geht. Die Sorge darüber, dass Menschenmassen in vielen Ländern zeitgleich auf die Straßen gehen und den Regierungen gefährlich werden könnten, ist derzeit das Hauptthema dieser Gesprächsrunden. Während sich in der geheim tagenden ECG-Gruppe vorwiegend Vertreter von Polizeibehörden treffen, geht es in dem noch weitaus geheimnisvolleren Arbeitskreis mit der Bezeichnung *International Working Group on Police Undercover Activities* (IWG) vor allem um den Austausch neuester Entwicklungen auf dem Gebiet der Überwachungstechnologie. Neben Vertretern von EU-Staaten sind auch solche aus Australien, Kanada, Israel, Neuseeland, Südafrika und den Vereinigten Staaten in dem Gremium vertreten, zudem Forschungseinrichtungen und Firmen, die Überwachungstechnologie herstellen. Die beiden Arbeitsgruppen bilden länderübergreifend Teams, die beispielsweise potenzielle mutmaßliche Rädelsführer innerer Unruhen beobachten und Kontaktpersonen in deren Umfeld einschleusen sollen. Um die grenzüberschreitenden Aktivitäten zu vereinfachen, wurde ein *International Business Secretariat* (IBS) gegründet, das beispielsweise falsche Pässe ausstellt. Das hat inzwischen auch die deutsche Bundesregierung bestätigt. Aufgabe des IBS sind ihren Angaben zufolge »Fragestellungen aus dem Bereich der Legendierung«, also die Schaffung von »Tarnidentitäten zu Einsatzzwecken«.

Was aber sollen diese vielen gut getarnten Geheimorganisationen in der Praxis erreichen? Nach den schweren Krawallen der vergangenen Monate in Griechenland, Spanien, Italien, Portugal, Bulgarien, Rumänien sowie den mehrere Tage währenden gewalttätigen Unruhen im August 2011 in britischen Ballungsgebieten werden antimilitaristische und anarchistische, globalisierungs- und bankenkritische Gruppen ebenso wie Bündnisse von Euro- und EU-Gegnern als potenzielle Gefahr für die innere Sicherheit betrachtet. Während die Infiltration der vorgenannten Gruppen durch Anwerbung von Informanten Erkenntnisse über geplante Aktionen aus dem Protestspektrum liefern soll, werden parallel dazu Dossiers über Bürger angelegt. In diesen werden Euro- und EU-Kritiker beispielsweise nach künftiger »Gefährlichkeit« farblich (rot, gelb und grün) in elektronischen Akten nach ihrem »umstürzlerischen« Potential eingestuft. Diese sogenannten »Conspiracy«-Dateien stehen allen verdeckten ECG- und IWG-Mitarbeitern zur Verfügung, während die Betroffenen davon keine Kenntnis haben. Nach den länderübergreifenden Bestimmungen (»potential indicators of activities«) wird beispielsweise als »gelb« eingestuft, wer öffentlich für Datenschutz oder Berücksichtigung der Privatsphäre (»privacy«) eintritt. »Rot« ist man automatisch dann, wenn man politisch nicht korrekte Schriften liest (»revolutionary literature«). Die Inanspruchnahme bürgerlicher Freiheitsrechte lässt Durchschnittsbürger somit schnell zu Terrorverdächtigen werden.

Parallel dazu finanziert die Europäische Union Projekte zur Handhabung größerer politischer Proteste. So empfiehlt das Projekt »EU-SEC« aus dem Bereich der EU-Sicherheitsforschung in einem Leitfaden für Polizeiführungen bei erwarteten sozialen Unruhen etwa unter anderem, frühzeitig Daten über erwartete Teilnehmer und Rädelsführer auszutauschen, Reisesperren zu verhängen und schon jetzt gute Beziehungen zu den etablierten Pressevertretern aufzubauen, um bei den absehbaren inneren Unruhen in der EU »die Informationshoheit zu behalten«. Die Staatsanwaltschaften werden zu einer hohen Zahl von Verurteilungen angehalten, um eine abschreckende Wirkung auf EU-Bürger zu erzielen. Der *Leitfaden für die Polizei- und Sicherheitsbehörden* wird vom Europäischen Rat als Empfehlung herausgegeben. Gefordert wird in diesem etwa die ständig aktualisierte »Beurteilung der Bedrohungslage«, indem etwa »Angaben zu Einzelpersonen oder Gruppen« übermittelt werden, »die sich voraussichtlich zum Ort von Demonstrationen begeben werden und als potenzielle Bedrohung der öffentlichen Ordnung und/oder Sicherheit gelten«. Die »Reisemöglichkeiten dieser Personen« sollen so weit wie möglich

»beschränkt werden«. Nochmals zur Erinnerung: Es handelt sich beispielsweise um Personen, die politisch nicht korrekte Schriften lesen. Deutschland unterhält auf diesem Gebiet die beim Bundeskriminalamt angesiedelte politische Datensammlung »International agierende gewaltbereite Störer« (IgaST), die sich aus entsprechenden Datenanlieferungen der einzelnen Bundesländer speist. Jeder Dateneintrag in diese (willkürliche) Polizeidatensammlung führt im Krisenfall nicht nur zu Reisebeschränkungen, sondern auch zur vorübergehenden Versagung politischer Betätigung, sofern der oben schon erwähnte Aktenreiter gelb oder rot ist.

Als noch geheimnisvoller gilt das EU-Sicherheitsprojekt GODIAC (*Good practice for dialogue and communication as strategic principles for policing political manifestations in Europe*). Es wird von der schwedischen Polizei durchgeführt und soll den EU-Sicherheitskräften Einsatzhilfen bei schweren grenzüberschreitenden Unruhen geben. Neben den Polizeiführungen der EU-Staaten ist an dem Projekt auch die paramilitärische rumänische Gendarmerie beteiligt, die Erkenntnisse über die gezielte und schnelle Niederschlagung von Aufständen liefern soll. Vermittelt werden die Erkenntnisse an der neuen EU-Polizeiakademie in Bramshill/Hampshire an der Südküste Englands.

Auffällig ist zudem, dass in allen EU-Staaten derzeit militärische Einheiten für den Einsatz an der europäischen Heimatfront vorbereitet werden. Man muss schon genau suchen, um in den Medien kleine Meldungen wie diese zu finden: »Fallschirmjäger werden auf Bekämpfung innerer Unruhen vorbereitet«. So lautete etwa am 20. Januar 2012 eine nur wenige Zeilen lange Meldung der *Daily Gazette* für die britische Stadt Colchester. Die britischen Soldaten sollen, so hieß es da, aufgebrachte Bürger abwehren, die ihnen künftig mit Molotow-Cocktails gegenüberstehen werden. Nur eine Woche später titelte der Londoner *Telgraph*: »Elitetruppen sollen Aufstände niederschlagen«. Spätestens nach dem Euro-Crash werden demnach auch in Großbritannien landesweit schwere innere Unruhen erwartet. 1500 Fallschirmjäger wurden seit Ende 2011 darin geschult, Menschenmengen auch ohne den Einsatz scharfer Munition kontrolliert zurückzudrängen. Die Taktiken zur Niederschlagung einer unruhigen Bevölkerung, so beschreibt es der *Telegraph*, haben sich seit den Zeiten der Römer nicht geändert.

## Die geheime EU-Eingreiftruppe für die Niederschlagung von Aufständen

Im italienischen Vincenza sitzt der Führungsstab einer geheimen, 3000 Mann starken europäischen Sondereingreiftruppe namens »EUROGENDFOR«. Sie wurde auf Initiative der früheren französischen Verteidigungsministerin Alliot-Marie eingerichtet, nachdem es in Frankreich immer öfter innere Unruhen zugewanderter muslimischer Jugendlicher mit Straßenschlachten und Plünderungen gegeben hatte. Die mit geheimdienstlichen Kompetenzen ausgestattete Truppe soll in enger Zusammenarbeit mit europäischen Militärs die »Sicherheit in europäischen Krisengebieten« gewährleisten. Ihre Aufgabe ist es, als Polizeitruppe Aufstände niederzuschlagen. EUROGENDFOR ist nichts anderes als eine paramilitärische Gendarmerie, die im Krisenfalle mitten in Europa anstelle von regulären Militärs eingesetzt wird, um den Eindruck abzuwenden, die Armee eines Landes schieße auf die eigenen Bürger. Dafür gibt es nun die Geheimtruppe EUROGENDFOR. Die *European Gendarmerie Force* kann theoretisch überall dort eingesetzt werden, wo die EU eine Krise sieht – beispielsweise auch, wenn ein EU-Land den Vertrag von Lissabon nicht ratifiziert oder aus dem EU-Staaten- oder Währungsverbund gegen den Willen der Brüsseler Zentralregierung ausscheren will. Das steht so im »Vertrag von Velsen«, der die Einsätze von EUROGENDFOR regelt. Über die Einsatzstrategie entscheidet ein »Kriegsrat« in Gestalt des Ministerausschusses, der sich aus den Verteidigungs- und Sicherheitsministern der teilnehmenden EU-Mitgliedstaaten zusammensetzt. Die Truppe kann entweder auf Anfrage oder nach Beschluss der EU in Marsch gesetzt werden. In Artikel 4 des Gründungsvertrages heißt es zu den Einsatzaufgaben: »Schutz der Bevölkerung und des Eigentums und Aufrechterhaltung der öffentlichen Ordnung beim Auftreten öffentlicher Unruhen.« Die Soldaten dieser paramilitärischen EU-Truppe müssen sich zwar zunächst beim Einsatz an das geltende Recht des Staates halten, in dem sie eingesetzt und stationiert werden, aber: Alle Gebäude und Gelände, die von Truppen in Beschlag genommen werden, sind immun und selbst für Behörden des Staates, in dem die Truppe tätig wird, nicht zugänglich. Der Moloch EU setzt damit nationales Recht auch bei der Aufstandsbekämpfung außer Kraft. Nochmals: Die EU verfügt über eine Eingreiftruppe namens *European Gendarmerie Force* – und zwar zur Bekämpfung schwerer innerer Unruhen.

Dann gibt es da noch die Wiedereinführung der Todesstrafe für Aufständische in der EU, der auch der Deutsche Bundestag – aus welchen Gründen auch immer – in aller Stille zugestimmt hat. Sie glauben das nicht? Sie haben noch nie etwas davon gehört? Die Medien haben Ihnen das verschwiegen? Dann setzen Sie sich jetzt besser erst einmal hin und atmen tief durch. In allen Mitgliedstaaten der Europäischen Union ist die Todesstrafe eigentlich abgeschafft. Bei inneren Unruhen ist Gefängnis derzeit das Schlimmste, was Rädelsführer von Aufständen erwartet. Bislang. Und nun? Im Kleingedruckten zum Vertrag von Lissabon, dem der Deutsche Bundestag 2008 zugestimmt hat, heißt es, die Todesstrafe sei zwar in der EU abgeschafft, ABER:

»(2) Eine Tötung wird nicht als Verletzung dieses Artikels betrachtet, wenn sie durch eine Gewaltanwendung verursacht wird, die unbedingt erforderlich ist, um a) jemanden gegen rechtswidrige Gewalt zu verteidigen; b) jemanden rechtmäßig festzunehmen oder jemanden, dem die Freiheit rechtmäßig entzogen ist, an der Flucht zu hindern; c) einen Aufruhr oder Aufstand rechtmäßig niederzuschlagen.«

Für alle, die es genau wissen wollen: Das Zitat stammt aus dem Amtsblatt der Europäischen Union vom 14. Dezember 2007. So wird die Abschaffung der Todesstrafe im Kleingedruckten der Erläuterungen sofort wieder relativiert und aufgehoben.

Halten wir also fest: Wir haben ein neues Lagezentrum für innere Unruhen in Europa, eine 3000 Mann starke Sondereinheit zur Bekämpfung dieser und die Todesstrafe für Rädelsführer von Unruhen. Doch wozu brauchen wir das alles, wenn wir doch angeblich völlig ruhigen Zeiten entgegen gehen?

## Das Europa der Wutbürger

Schaut man sich das 20. Jahrhundert sowie die vielen Kriege und Bürgerkriege dieser Epoche an, dann gab es immer drei Vorboten der blutigen Gemetzel: wirtschaftliche Probleme, ethnische Spannungen und staatlichen Machtverfall. Trafen sie zeitgleich zusammen, dann waren schreckliche Kriege unvermeidbar. Mit wissenschaftlicher Präzision führte der Weg dann direkt in die große Katastrophe. Noch nie aber hat es auf der Welt so viele neue Brandherde gegeben wie heute, bei denen alle Vorbedingungen für Kriege und Bürgerkriege zeitgleich aufeinanderprallen. Wir haben seit Dezember 2008 immer wieder bis dato nicht gekannte schwere Unruhen in Großbritannien, Rumänien, Bulgarien, Griechenland, Lettland, Island, Ungarn, Italien und Frankreich registrieren müssen – und zwar vor dem Hintergrund der unberechenbar gewordenen Weltwirtschaftskrise und der Massenarbeitslosigkeit. Das ist unbestritten.

Zudem existiert in immer mehr Ballungsgebieten ein gesellschaftspolitischer Cocktail, der brandgefährlich ist. Dass soziale Spannungen sich über Nacht in spontanen Straßenschlachten entladen können, haben die wochenlangen schweren Unruhen in Griechenland, Frankreich, Island und Ungarn gezeigt. Und egal, ob in Paris, London, Bochum, Hamburg, Berlin, Reykjavik, Riga oder Vilnius, in Athen oder Sofia: Die Unzufriedenheit hat in Europa ein Maß erreicht, das Regierungen schnell gefährlich werden kann.

Immer mehr renommierte Personen warnen uns vor schwersten Unruhen vor unseren Haustüren: »Natürlich erwartet die Bundesregierung hier schwere soziale Unruhen. Man weiß, was sich da zusammenbraut, aber man verdrängt das in der Öffentlichkeit lieber.« Das sagt Rainer Wendt, der Bundesvorsitzende der Deutschen Polizeigewerkschaft. Und in einer CIA-Studie heißt es zur Zukunft inmitten Europas: »Millionen werden im Zuge der Krise arbeitslos und verarmen. Das birgt das Risiko schwerer sozialer Unruhen und sogar eines Bürgerkrieges.«

Etwas muss doch dran sein an diesen Voraussagen und Einschätzungen, wenn die EU insgeheim viele Maßnahmen gegen Unruhen trifft und sogar Menschen wie der Bundesvorsitzende der Deutschen Polizeigewerkschaft vor dem sich abzeichnenden Chaos warnen.

Wir haben nun einmal einen Wutstau in Deutschland. Immer mehr Menschen verarmen, während die Reichen immer brutaler abkassieren. Und das wird inmitten der Wirtschaftskrise besonders deutlich.

Dieser Wutstau wird zusätzlich durch eine Vielzahl von Ungerechtigkeiten angeheizt, die die Menschen zunehmend empören. Sie werden sich vielleicht erinnern: Da war die Kassiererin aus einem Berliner Supermarkt, der man wegen liegengelassener Wertbons im Umfang von 1,30 Euro gekündigt hatte – nach Jahrzehnten der sorgfältigen Arbeit. Der Fall sorgte bundesweit für Schlagzeilen. Das Berliner Landesarbeitsgericht erklärte die Kündigung sogar noch für rechtens. Für Emmely, die Betroffene, eine unfassbare Entscheidung.

Auf der anderen Seite stehen gierige Banker, die Unternehmen in den Ruin getrieben haben, für Massenentlassungen verantwortlich sind und Millionenabfindungen wollen. Geldgeile Manager auf der einen Seite – und verarmende einfache Menschen auf der anderen Seite.

Erinnern Sie sich noch an Peter Hartz, den Ex-VW-Manager, nach dem Hartz IV benannt ist? Seit diesem Herrn Peter Hartz wissen wir einfachen Bürger, dass es sogar Ausfallversicherungen für Fehlentscheidungen von Managern gibt. Während die Hartz-Sozialhilfegesetze weiterhin den Namen des umtriebigen Gewerkschaftsmannes tragen, dürfen sich die Hartz-IV-Sozialhilfeempfänger an der Gewissheit erfreuen, dass VW seinen Managern dank der Hartz-Management-Fehlentscheidungs-Ausfallversicherung sogar potente »Aufbaumittel« wie Viagra ersetzt. Ja, Sie haben richtig gelesen: Für die Bosse gibt's Viagra auf Betriebskosten. Die Anforderungen des Globalisierungsdrucks und der ständige Stress beim weltweiten Repräsentieren des Unternehmens waren für VW-Gewerkschaftsvertreter, für Vorstände und für Politiker jedenfalls in der Vergangenheit offenkundig so enorm, dass neben den Bordellrechnungen gleich auch noch die vom VW-Werksarzt verschriebenen Viagra-Pillen ganz legal abgesetzt werden durften. Statt einer geregelten Arbeit nachzugehen, zog es die Gewerkschaftler, Politiker und Manager dann eben ständig in die Bordelle.

Auch die Bosse der jetzt vor dem Zusammenbruch stehenden Banken haben in der Vergangenheit Dinge getan, für die ein Normalbürger sich bis an sein Lebensende schämen würde. Nehmen wir nur einmal die Westdeutsche Landesbank (WestLB), deren Haupteigentümer das Land Nordrhein-Westfalen ist. Zur Erinnerung: Die WestLB ist jene Landesbank, die seit 2009 immer neue unverschämte Milliardenforderungen zur Deckung ihrer Schulden an die Steuerzahler stellte. Doch zuvor hatten ihre Bosse das Geld mit vollen Händen für Prostituierte verballert. »Schöner fliegen mit der WestLB« ist eine Formulierung, die den Blutdruck vieler Bürger erhöht. Friedel Neuber, Ex-Chef der WestLB, bezahlte Abgeordneten und Firmenbossen im Auftrag der NRW-Landesregierung über Jahre hinweg Charterflüge mit einer kleinen privaten Fluggesellschaft – die Stewardessen waren Prostituierte. Die Damen bekamen pro Flugstunde ein Gehalt, das Normalbürger nicht einmal im Monat verdienen. Die Männer, die sich da verwöhnen ließen, sitzen heute im Bundestag, in Landtagen und in Vorstandsetagen. Bezahlt hat das alles der Steuerzahler. Nicht alle, die unbedingt mit dem privaten Flugdienst der WestLB fliegen wollten, nahmen die Dienste der kostspieligen Damen in Anspruch. Einer der ranghöchsten früheren NRW-Politiker erfreute sich ja bekanntermaßen eher an minderjährigen Jungen. Wo auch immer er auf der Welt umherreiste – stets war sein geliebter schmächtiger marokkanischer Knabe in seiner Nähe. Man kehrt all das heute tapfer unter den Teppich – über den Tod hinaus. Da wäscht dann im Filz von Politik, Gewerkschaften und Medien eine schmutzige Hand die andere. Und es gibt Saubermänner, die mit der WestLB mitgeflogen sind und bis heute nichts von dem Schmutz und Dreck, der sich da an Bord ansammelte, wissen wollen.

Zeitgleich gibt es immer mehr Menschen in Deutschland, die hungern. Wir verdrängen das. Mehr als eine Million Deutsche werden derzeit schon von der Tafel-Bewegung ernährt, mit Hartz IV allein könnten sie nicht überleben. Und in Städten wie Lübeck, wo die Tafel-Bewegung aus Kapazitätsgründen nicht mehr alle Menschen versorgen kann, gibt es inzwischen Hungerrevolten. Während die einen hungern, füllen sich die anderen die Taschen – vor allem auch Politiker.

Statt die Bevölkerung über den absehbaren Crash zu informieren, hält sich die Bundesregierung bedeckt, hat sie sich doch längst insgeheim auf die erwarteten schweren inneren Unruhen vorbereitet. Im Kanzleramt existiert ein »Atlas der Wut«, in dem bundesweit die Stadtbezirke aufgelistet sind, in denen es aus Sicht der Politik bald losgehen könnte. Die Namen reichen von A wie Aachen-Preuswald bis Z wie Zwickau-Eckersbach. Endlos lang ist die Aufzählung jener Stadtviertel, in denen sich mitten in Deutschland Wut und Hass bedrohlich aufgestaut haben. Die Auflistung geht weit über jene Wirtschaftsstandorte hinaus, an denen Massenentlassungen und soziale Proteste bevorstehen. Es sind potenzielle deutsche Unruhegebiete. Der Autor hat die komplette Liste mit allen Untergliederungen bei deutschen Sicherheitsbehörden einsehen dürfen. Es sind explosive Gebiete, auch wenn viele aus der Sicht Unbeteiligter derzeit (noch) völlig ruhig und beschaulich erscheinen mögen. Schließlich will ja auch die Bundesregierung wissen, wann und wo es hierzulande knallen könnte. Aus diesem Grund lässt sie diese geheime Liste anfertigen.

Natürlich will die Bundesregierung diese unschöne Liste um jeden Preis verheimlichen, denn sie ist schließlich ein offenes Eingeständnis des Versagens einer Regierung. Sie enthält Orte, in die man aus der eiskalten und nüchternen Sicht der Sicherheitsanalysten keinen Cent mehr investieren sollte. Und wer kann, der sollte dort – so die interne Auffassung der Sicherheitsbehörden – lieber heute als morgen wegziehen. Warum? Weil die Versicherungen in diesen Gebieten irgendwann die Schäden nicht mehr werden bezahlen müssen. Schäden in Unruhegebieten werden bekanntlich von allen Versicherungen von der Regulierung ausgeschlossen. An diesen Orten brodelt ein explosives Gemisch. Deutschland ist demnach ein Land voller Brandherde.

## Der Fahrstuhleffekt: Es geht rasend schnell abwärts

Die Bundesregierung bereitet sich keineswegs nur mit Analysen der derzeitigen Situation und der künftigen Entwicklung, die in irgendwelchen Aktenordnern deponiert werden, auf innere Unruhen vor. Nein, man geht ganz praktische Wege. So fand erstmals am 16. Mai 2009 auf dem Gelände der ostwestfälischen Generalfeldmarschall-Rommel-Kaserne nahe Augustdorf in der Zeit von acht bis 18 Uhr eine Vorführung mit dem Titel *Beherrschen von Menschenmassen* statt. Unter Verwendung von Hubschraubern des Heeres und mittels des Einsatzes von Handwaffen wurde den Gästen vorgeführt, wie im Unruhefall die Zusammenarbeit zwischen zivilen und militärischen Behörden aussehen könnte.

Die laufenden Vorbereitungen für Szenarien »am Rande des Vorstellbaren« betreffen seither auch die Deutsche Bahn AG und die Massenmedien: Das Sicherheitszentrum der Deutschen Bahn AG muss sich seit 2009 auf künftige Sonderdurchsagen der Bundesregierung in Zügen und auf Bahnhöfen vorbereiten. Über das neue Satellitengestützte Warnsystem (SatWaS) der Bundesregierung sollen im Bedarfsfall amtliche Gefahrendurchsagen von Bund und Ländern an die Medien weitergegeben werden. Das System arbeitet wie einst der »Volksempfänger« der Nationalsozialisten – es ist überall präsent. Die großen deutschsprachigen Presseagenturen und viele leitende Redakteure von Tageszeitungen wurden neben dem staatlichen

Rundfunk seit 2009 ebenfalls in das neue System integriert und haben ihre Bereitschaft bekundet, im inneren Krisenfall bei der »psychologischen Steuerung von Menschenansammlungen« (so der Originalwortlaut!) »zu helfen«. Mithilfe von SatWaS ist es nach Angaben des Bundesamtes für Bevölkerungsschutz und Katastrophenhilfe von sofort an möglich, jederzeit »Warndurchsagen« an den öffentlich-rechtlichen und den privaten Rundfunk zu übertragen. Dazu heißt es: »Die Warndurchsage beinhaltet die Aufforderung an den Redakteur, die laufende Sendung zu unterbrechen und den Text der Warndurchsage sofort über den Sender weiterzugeben.«

Wir beobachten nunmehr im deutschsprachigen Raum den Fahrstuhleffekt – es geht für die meisten Bürger nur noch nach unten. In den untersten Etagen warten soziale Revolten, Unruhen und am Ende in Ballungsbieten vielleicht gar der Bürgerkrieg. Denn egal, ob in Bochum das *Nokia*-Werk geschlossen wurde oder ob urdeutsche Unternehmen wie Schiesser, Märklin oder Karmann Insolvenz anmeldeten – immer öfter fährt der Fahrstuhl für eine stets zunehmende Zahl von Menschen nur noch in eine Richtung. So entstehen Gettos der Verlierer, Fahrstuhlstationen der unverschuldet Gescheiterten. Wer kann, der zieht aus diesen Gettos der Unzufriedenheit weg. Wer es nicht kann, der wird eingebettet in eine Welt, die auf Dauer zur Brutstätte für Hass und Gewalt werden wird.

Verschlimmert wird die Lage noch dadurch, dass deutsche Arbeitsplätze nach dem Willen der Politik immer öfter bevorzugt an Zuwanderer vergeben werden müssen. Der aus Steuergeldern bezahlte öffentlich-rechtliche Sender WDR warb erstmals 2008 damit, Stellen bevorzugt an Migranten zu vergeben. Da hieß es etwa: »Die Bewerberinnen und Bewerber sollten folgende Voraussetzungen mitbringen: interkulturelle Kompetenz und Migrationshintergrund beziehungsweise bi-nationaler oder bi-kultureller Hintergrund.«

Und die Berliner Feuerwehr musste die Einstellungsvoraussetzungen für Türken senken. Von deutschen Bewerbern erwartet die Feuerwehr recht viel. Wer in den Rettungsdienst oder zu den Brandbekämpfern will, der muss als ethnischer Deutscher nicht nur schwimmen können, körperlich fit sein und einen Führerschein besitzen. Er muss auch eine Lehre in einem Handwerksberuf abgeschlossen haben. Das sind hohe Hürden, an denen beispielsweise türkische Mitbürger häufig scheitern. Der Berliner Feuerwehrsprecher Stephan Fleischer gesteht ein, dass Migranten künftig bei der Einstellung besser behandelt werden sollen als Deutsche.

Offensichtlich hat das Feuerwehrbeispiel Schule gemacht, denn auch die Zugangsvoraussetzungen für die Pflegeausbildung sollen auf den Hauptschulabschluss gesenkt werden. Das käme vielen Hauptschülern, die türkische Wurzeln haben, entgegen. Auch bei der Polizei gibt es jetzt bevorzugt Stellen nur für Zuwanderer aus anderen Kulturkreisen – Deutsche gehen da bei der Stellensuche leer aus. Das alles erhöht den Druck im Kessel, verschärft den Wutstau.

Doch damit nicht genug. Während wir die größte Krise auf dem europäischen Arbeitsmarkt erleben, die es seit dem Ende des Zweiten Weltkrieges gegeben hat, und alle Fachleute vor einem steilen Anstieg der Arbeitslosenzahlen warnen, importiert die Europäische Union Massen von Arbeitslosen aus Ländern der Dritten Welt – mit dem Hauptziel Deutschland. In aller Stille und Heimlichkeit wurde in Westafrika schon das zweite Anwerbezentrum für arbeitslose afrikanische Arbeiter eröffnet, das auch aus deutschen Steuertöpfen finanziert wird. Es ist Bestandteil eines EU-Programms, Millionen Arbeitslose aus Ländern der Dritten Welt für den Arbeitsmarkt nach Europa zu bringen. Der Grund: Die Europäer sterben ja angeblich bald aus. Nach dem Vorbild der amerikanischen »Green Card« will die EU eine »Blue Card« für neue Mitbürger aus Staaten der Dritten Welt einführen. Nach fünf Jahren Aufenthaltsdauer in einem EU-Land sollen die Mitbürger dann automatisch die permanente Aufenthaltsgenehmigung für die EU bekommen. Viele dieser Menschen sollen nach dem Willen der EU-Kommission ihre künftige Heimat in Deutschland finden, weil die Deutschen ja angeblich am schnellsten aussterben.

Wirklich merkwürdig ist all das nur, weil viele jener europäischen Staaten, die nun Mitbürger aus Ländern der Dritten Welt importieren, schon jetzt Geldprämien an zugewanderte Mitbürger aus der Dritten Welt in bar auszahlen, damit diese möglichst schnell wieder in ihre Herkunftsländer zurückkehren. Sie halten das für einen, wenn auch sehr schlechten, Scherz? Nein, das ist kein Scherz, sondern Realität. Zwei Beispiele: Frankreich zahlt seit 2007 jedem Rückkehrwilligen 8000 Euro. Spanien geht seit 2009 sogar noch einen Schritt weiter – man stellt eine fünfstellige Summe zur Verfügung: 10 000 Euro. »10 000 Euro reichen wohl nicht aus, um in Spanien ein Unternehmen zu gründen, aber in Marokko etwa ist das viel Geld«, erklärte der frühere spanische Arbeits- und Einwanderungsminister Celestino Corbacho die Maßnahme. Spanien will auf diese Weise eine Million Einwanderer wieder loswerden, die sich ihre Ansprüche aus der Arbeitslosenversicherung auszahlen lassen und dann die Koffer packen sollen.

Also noch einmal von vorne: Man wird in einem Anwerbezentrum der Europäischen Union mit den Steuergeldern der EU-Bürger angeworben, reist dann nach Europa, bleibt dort einige Zeit und bekommt dann bis zu 10 000 Euro vom Steuerzahler, wenn man Europa wieder verlässt! Kein Wunder, dass es inzwischen Europäer gibt, die sich da verwundert am Kopf kratzen und sagen: »Wer arbeitet, ist der Dumme.« Die Europäische Union baut derzeit weitere Anwerbezentren für Arbeitskräfte auf, die inmitten der schwersten Wirtschaftskrise der EU nach Europa importiert werden sollen – und zwar in

Moldawien und in der Türkei. Sie finden das ziemlich verrückt und können es kaum glauben? Warten Sie's ab, denn es geht noch weiter.

Asylberwerber sollen nach dem Willen der EU die gleichen Leistungen bekommen wie Deutsche, die über Jahre hinweg Steuern und Sozialabgaben bezahlt haben. Während Millionen Deutsche Angst um ihren Arbeitsplatz haben, will die EU noch schneller zugewanderte Arbeitslose auf den deutschen Arbeitsmarkt lassen. Das alles könnte eine Sogwirkung auf die ohnehin ächzenden deutschen Sozialkassen sowie die Arbeitsplätze haben. Die EU-Kommission hat eine Richtlinie vorgelegt, die die Stimmung gegen zugewanderte arbeitslose Mitbürger erheblich verstärken könnte. Nach dem Willen der Europäischen Union sollen Asylbewerber in Deutschland vollen Anspruch auf Hartz IV und alle Zusatzleistungen haben. Asylbewerber müssen gemäß der EU-Richtlinie Sozialhilfeempfängern gleichgestellt werden. Bislang erhalten Asylbewerber in Deutschland Sachleistungen wie Essen oder Kleidung. Doch nach der Richtlinie der EU-Kommission hätten sie Anspruch auf den Hartz-IV-Regelsatz, zusätzlich 316 Euro für den Partner, zwischen 211 und 281 Euro pro Kind, Mietzuschüsse bis zu 400 Euro sowie Zusatzleistungen für Wohnausstattung, Gas, Strom und Wasserkosten. Zudem sollen Asylbewerber in Deutschland nach sechs Monaten statt bisher frühestens nach zwölf Monaten Zugang zum deutschen Arbeitsmarkt erhalten.

Noch einmal alles zusammengefasst in Kurzform: Man wird von der EU als Billiglohnkraft in einem Land der Dritten Welt für die EU angeworben, bekommt eine »Blue Card«, kann frei ein- und ausreisen, in Deutschland nebenher einen Asylantrag stellen und Sozialhilfe kassieren – und in Ländern wie Frankreich oder Spanien, wenn man vom Irrsinn genug hat, jederzeit eine steuerfreie satte Rückkehrprämie in die Heimat erhalten. Alles klar? Verstehen Sie jetzt, warum es in Deutschland ganz sicher einen Wutstau gibt, der irgendwann explodieren wird – nämlich dann, wenn den deutschen Steuerzahlern am Ende die Rechnung präsentiert wird?

Nicht vergessen werden darf nämlich, dass auch in Deutschland alle Elemente einer sich abzeichnenden Katastrophe ungebremst aufeinanderprallen: wirtschaftliche Probleme, ethnische Spannungen, Werte- und Machtverfall. Noch beschwichtigen Politik und Medien. Brot und Spiele – das Patentrezept zur Ablenkung der Bevölkerung vor dem nächsten GAU – kannte man schon im Alten Rom. Die Menschen sollen schließlich lustig sein, wenn sie wieder einmal alles verlieren. Ein Fahrzeug, dessen Insassen mit Vollgas gegen eine Betonwand gefahren werden – das ist die Bundesrepublik Deutschland dieser Tage. Und noch berauschen sich alle am Fahrtwind …

Als Bürger sind Sie nun abschließend darüber informiert, was hierzulande und in der EU geschieht und was Politik darstellt. Es handelt sich dabei, wie ich bereits anfangs schrieb und zum Schluss noch einmal wiederholen möchte, um die Kunst, die Bevölkerung so schnell über den Tisch zu ziehen, dass die Menschen denken, die dabei entstehende Reibungshitze sei Nestwärme. Dummerweise entstehen neben der Reibungshitze aber auch Reibungsverluste. Und die uns von der Politik aufgebürdeten Reibungsverluste werden gewaltig sein. Langsam, ganz langsam werden wir nun an diese Verluste herangeführt. Sie kommen schleichend über immer weitere Bevölkerungsschichten – wie ein Nebel, der sich über eine Landschaft legt. Sie sind wie die feuchte Kälte, die durch die Kleidung kriecht und dann den ganzen Körper erschauern lässt. Immer tiefer dringt die Vorahnung auf das Kommende in das Leben der Menschen ein, bringt sie um den Schlaf, lässt sie verzweifeln. Es gibt immer mehr Orte, die brandgefährlich sind. Hier fehlt nur noch der zündende Funke, bis es zur Explosion kommt. Die Wut und der Hass haben sich eben zu lange aufgestaut. Was lange gärt, das wird irgendwann Wut. Die nachfolgende Generation wird sich einmal fragen, wie diese Situation, wie diese Wut entstehen konnte und warum wir die angeblichen Eliten so lange unterstützt und nicht einfach mit einem Tritt vor die Tür gesetzt haben.

# Der Euro vor dem Zusammenbruch: Wie rette ich mein Vermögen?

PROF. DR. BERND-THOMAS RAMB

Ich bin Wirtschaftswissenschaftler und Mathematiker. Als Mathematiker ist man es gewohnt, besonders nüchtern, sachlich und vor allem emotionslos an die Probleme heranzugehen. Das habe ich auch von Anfang an bei dem Thema »Euro und Europäische Währungsunion« so gehandhabt. Was ich Ihnen nachfolgend präsentieren will, das ist die nüchterne und sachliche Konsequenz aus den schon jetzt absehbaren Ereignissen, verursacht durch den Zusammenbruch unserer Währung. Wie geht man als Bürger mit dem Währungszusammenbruch um? Welche Möglichkeiten habe ich als Einzelner, rechtzeitig meine Ersparnisse zu retten?

## Explodierende Staatsschulden

Zum Einstieg in diese Problematik möchte ich die Probleme skizzieren, die sich beim Zusammenbruch der Währung ergeben. Nach meiner Einschätzung ist das Hauptproblem noch nicht einmal die Vergemeinschaftung der Staatsschulden in der Euro-Zone. Das ist zwar ein schwerwiegendes Problem, das zu Recht intensiv öffentlich diskutiert wird. Aber ich frage mich als Geldtheoretiker: Was hat das für währungspolitische Konsequenzen? Die Antwort lautet: Hauptkonsequenz der Vergemeinschaftung der Schulden unserer EU-Transferunion wird sein, dass die Schulden in den EU-Staaten insgesamt immer größer werden und sich zunehmend asymmetrisch verteilen.

Hauptbetroffener wird Deutschland sein, dessen Schuldenberg sich in den nächsten Jahren um gut 50 Prozent erhöhen wird. Nach meiner Schätzung wird der direkt sichtbare Schuldenberg in Deutschland von zurzeit zwei Billionen auf sicherlich drei Billionen ansteigen. Dann aber lautet die Frage: Lassen sich diese Staatsschulden überhaupt noch finanzieren? Wen können wir dann für den Ankauf von Staatsanleihen noch begeistern? Es wird letztlich nichts anderes übrig bleiben, als die Europäische Zentralbank, das gesamte System der Europäischen Zentralbanken mit den am Euro beteiligten nationalen Zentralbanken heranzuziehen.

## Das Versagen der Europäischen Zentralbank

Werfen wir einige kurze Blicke auf das Ausmaß dieser Problematik und befassen wir uns mit zwei Aspekten: Wir haben bereits jetzt eine Flut der Zentralbankgeldmenge. Es ist das Geld, das die Europäische Zentralbank nicht nur emittiert, indem sie etwa marode griechische Staatsanleihen aufkauft. Das ist im Übrigen ein unerhörtes Novum in der Politik einer Zentralbank. Zentralbanken, insbesondere die Deutsche Bundesbank, haben bisher noch nie Staatspapiere aufgekauft. Man hat sie allenfalls beliehen, aber nicht aufgekauft.

Aber daneben haben wir auch noch das systematische Problem, dass die einzelnen beteiligten europäischen Zentralbanken, insbesondere die Bundesbank, nun dazu gezwungen werden, zusätzliches Geld auf Kreditbasis zu produzieren: die sogenannten TARGET2-Kredite. Diese TARGET2-Kredite sind nichts anderes als Überziehungskredite der maroden Euro-Länder. Es sind Überziehungskredite, die den dortigen Käufern deutscher Waren gewährt werden. Und dies in einer beliebigen Höhe.

## Unbegrenzter TARGET2-Kredit

Dazu folgender Vergleich: Sie besitzen sicherlich ein Girokonto und haben möglicherweise dafür einen Dispositionskredit eingeräumt bekommen, beispielsweise 3000 Euro. Den halten Sie in der Regel auch ein und überziehen Ihr Konto nur bis zu diesem Betrag von 3000 Euro. Was meinen Sie, würde passieren, wenn Sie plötzlich Ihr Konto um mehr als 3000 Euro überziehen würden, sagen wir um bis zu 45 000 Euro? Richtig: So weit kämen Sie in der Regel nicht. Denn schon vorher würde der nette, freundliche Herr Ihrer Hausbank sagen: »Kommen Sie mal mit nach hinten in mein Büro, wir müssen da etwas besprechen.« Dort angekommen würde er zu Ihnen sagen: »So geht es nicht; gleichen Sie Ihr Konto schnellstens aus oder sichern Sie den Kreditbetrag mit einer Hypothek, Wertpapieren oder anderen Sachwerten ab.«

Die Deutsche Bundesbank kann das allerdings nicht. Sie kann nicht mehr sagen: Lieber Grieche oder liebe griechische Zentralbank, es geht nicht, dass hier die Konten so maßlos überzogen werden, die müssen sofort ausgeglichen werden. Das darf die Deutsche Bundesbank nicht, weil es ihr im Vertrag zur Europäischen Währungsunion verboten wurde. Folglich haben die maroden EU-Staaten das immer weiter ausgenutzt, zum Schluss explosionsartig und mit immer noch offenem Ende.

Bis zum Jahr 2007 wurde der TARGET2-Kredit relativ mäßig mit etwa 30 Milliarden Euro ausgeschöpft. Im Januar 2012 hat dieser Kredit aber innerhalb kurzer Zeit die 500-Milliarden-Euro-Grenze erreicht (Abb. 1). Überlegen Sie jetzt einmal: Das ist genau so viel wie im Frühjahr 2012 im Rahmen des

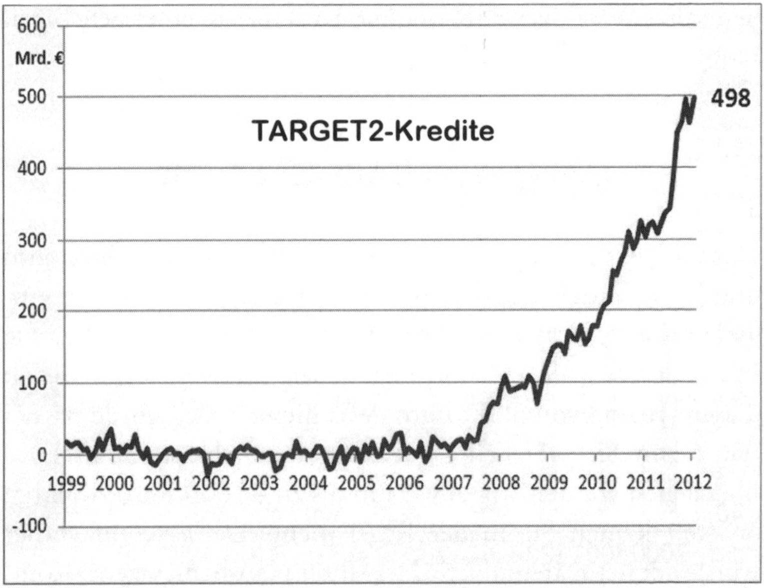


*Abb. 1: Entwicklung der TARGET2-Kredite der Deutschen Bundesbank bis zum Oktober 2011 (Quelle: Monatsberichte der Deutschen Bundesbank).*

europäischen Stabilitätsmechanismus insgesamt an Rettungssumme gefordert wurde. Die Inanspruchnahme einer so hohen Geldsumme haben die Banken also schon jetzt stillschweigend für sich vorweggenommen.

## Mehr Geld als Güter

Das führt natürlich zu einer enormen Ausweitung der Geldmenge – mit fatalen Konsequenzen. Das Volumen der Geldmenge, das in der Wirtschaft zirkuliert, steht nicht mehr im Einklang mit den Gütern, die produziert worden sind. Ich habe dazu eine Grafik (Abb. 2) erstellt, in der die Entwicklung des

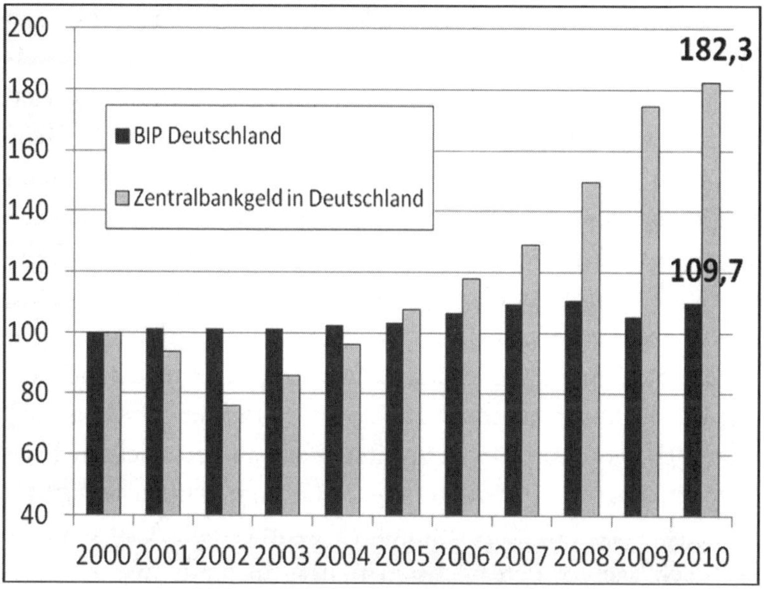


*Abb. 2: Entwicklung des Bruttoinlandsprodukts und der Zentralbankgeldmenge (Quelle: Deutsche Bundesbank, Statistische Reihen, eigene Umrechnung in Indexwerte).*

Bruttoinlandsproduktes in Deutschland ab dem Euro-Jahr 2000, normiert auf den Index-Wert 100, dargestellt ist.

An dieser Zahl hat sich seither kaum etwas verändert. Bis zum Jahr 2010 hat der Balken den Wert 109,7 erreicht. Das bedeutet: In den ersten zehn Jahren der Europäischen Währungsunion ist in Deutschland das Bruttoinlandsprodukt insgesamt gerade einmal um 9,7 Prozent gestiegen. Anders ausgedrückt: Im Jahresdurchschnitt hatten wir in diesen zehn Jahren eine Wachstumsrate von nicht einmal einem Prozent jährlich. Also nur ein Prozent jährliches Wirtschaftswachstum in zehn Jahren Euro-Währung, während uns immer politisch verkauft wurde, der Euro diene dazu, die Deutschen reicher und wohlhabender zu machen. Die Statistik widerlegt dies eindeutig!

Vergleicht man das deutsche Wachstum auch noch mit den Wachstumsraten der anderen Länder, dann muss man feststellen, dass Deutschland vergleichsweise ins Hintertreffen geraten ist. In den gesamten Jahren des Maastricht-Vertrages (der Zeitraum der vergangenen 20 Jahre) ist das Pro-Kopf-Einkommen in Deutschland insgesamt nur um knapp ein Prozent jährlich angestiegen. Die Deutschen haben damit nicht nur ein geringeres Wachstum gegenüber den Euro-Län-dern zu verzeichnen, sondern auch gegenüber den anderen EU-Staaten und sogar gegenüber den OECD-Staaten. Wir sind in Deutschland, was das Pro-Kopf-Einkommen anbelangt, vom Jahr 1990 bis zum Jahr 2010 von europaweit zweiter Stelle auf den siebten Platz abgesunken. Wir liegen Anfang 2012 immer noch an siebter Stelle, was das Pro-Kopf-Einkommen anbelangt. Aber wir zahlen nach wie vor den höchsten Beitrag in die Umverteilungsmaschinerie Europäische Union.

## Zentralbankgeldmenge schürt Inflationsgefahr

Gehen wir nun auch noch auf die Zentralbankgeldmenge ein, die im Zeitraum von 2000 bis 2010 in den Wirtschaftskreislauf gepumpt wurde. Da sehen wir in der Abbildung 2 die zweite Balkenreihe, die vom Indexwert 100 auf 182,3 gestiegen ist. Das bedeutet: In zehn Jahren ist die Zentralbankgeldmenge um mehr als 80 Prozent angestiegen, das Bruttoinlandsprodukt, also die produzierten Waren und Dienstleistungen, aber noch nicht einmal um zehn Prozent. Die Lücke, die dazwischen klafft, kennzeichnet das Inflationspotenzial. Es wurde provoziert, weil die Geldmenge in der Euro-Zone zu stark ausgeweitet wurde. Und das ist genau das, was dem Euro das Genick brechen wird: Eine nicht mehr kontrollierbare Geldmengenausweitung, die nicht mehr einhergeht mit den produzierten Waren und Dienstleistungen. Diese Fehlentwicklung ist, wenn man den Euro-Gesamtverbund betrachtet, noch wesentlich schlimmer, denn da ist die Geldmenge in den vergangenen zehn Jahren sogar um 160 Prozent gestiegen – bei einem allgemeinen Wachstum von etwa elf Prozent.

## Euro zwischen Skylla und Charybdis

Was bedeutet das für uns? Wir haben zu viel Geld und zu viele Schulden. Wir müssen die zu hohen Staatsschulden abbauen. Vor allem aber muss das überschießende Geld aus dem Wirtschaftskreislauf genommen werden. Dazu bestehen aber nur zwei Möglichkeiten. Mythisch ausgedrückt: Unser Währungsschiff Euro segelt zurzeit zwischen den berühmten griechischen Sagengestalten Skylla und Charybdis entlang. Für diejenigen, die in der griechischem Mythologie nicht so bewandert sind: Das waren zwei Meeresungetüme. Das eine war ein großes Seeungeheuer, das andere ein Meeresschlund, der alle Schiffe verschlungen hat. Der Sage nach hatte kein Schiff eine Chance, zwischen den beiden hindurchzukommen. Es wurde entweder von dem einen oder von dem anderen Ungeheuer verschlungen. Hier in unserer Euro-Welt heißen diese beiden Ungeheuer Hyperinflation und Währungsschnitt.

Den Währungsschnitt kennen wir schon von der Griechenlandkrise. Meine These lautet: Wir werden über kurz oder lang diese griechischen Verhältnisse auch in Deutschland bekommen. Aber wir haben letztlich keine echte Wahl zwischen Hyperinflation und Währungsschnitt, denn eine Hyperinflation der Euro-Währung kann man auf Dauer nicht durchhalten. Hyperinflation bedeutet Preissteigerungsraten von zehn Prozent und mehr pro Jahr. Das hält keine Regierung durch. Da wird eine

Regierung nach der anderen gestürzt. Was dann nur noch übrig bleibt, ist der Währungsschnitt. Wir müssen unsere Währung »schneiden«. Genauer, unsere Regierungen werden das machen müssen.

Es ist klar, dass der Euro gescheitert ist. Er ist rettungslos verloren. Aber je länger sich die Regierungen an ihn klammern, umso schlimmer wird es am Ende für die Bürger. Das ist die Wahrheit, die wir derzeit beim Thema »Euro« haben. Allerdings wagt es in der Euro-Zone keiner, das offen auszusprechen. Jede Regierung wartet darauf, dass die andere den Offenbarungseid leistet. Das bedeutet: Solange wir auf das Ende des Euro warten, wird die Gefahr der Hyperinflation uns bedrohen. Aber letztlich werden wir alle im Schlund des Währungsschnittes landen.

## Letzter Ausweg: Währungsreform

Was bleibt als Ausweg? Eine Währungsreform! Wir werden an einer solchen nicht vorbeikommen. Wie sie aussehen wird, will ich zunächst erläutern, bevor ich Ratschläge gebe, wie man sein Vermögen retten kann. Einziger Ausweg ist also die Währungsreform. Doch wie kann der Staat die Notbremse ziehen? Es gibt da verschiedene Modelle. Beispielsweise einen neuen oder abgeänderten Währungsverbund mit dem alten Euro. Das ist für mich als Ökonom aber nicht die optimale Lösung. Es hilft nicht, wenn einzelne Staaten scheibchenweise aus dem Euro-Verbund ausscheiden. Es hilft auch nicht, wenn wir einen Nord-Euro und einen Süd-Euro schaffen. Das bedeutet nichts anderes, als dass wir die Problematik verdoppeln. Denken Sie nur an das Problem der nicht gut funktionierenden Europäischen Zentralbank. Wir hätten dann zweimal das Problem, eine Zentralbank richtig besetzen zu müssen. Einmal für den Nord-Euro und einmal für den Süd-Euro.

## »Störenfried« Deutschland

Schauen wir uns die Problemstaaten in der Euro-Zone an. Wer ist denn da eigentlich der größte Störenfried? Ist es nur Griechenland? Wenn Griechenland abgehakt ist, dann kommt doch Portugal. Wenn Portugal abgehakt ist, dann kommt Spanien. Schließlich kommen Irland, Italien und Frankreich. Der eigentliche Störenfried ist in Wahrheit Deutschland. Deutschland als solide Wirtschaft, als vernünftige Wirtschaft, als ein Land, in dem die Leute noch so besonnen sind, dass sie den Wert des Geldes zu schätzen wissen und Inflation vermeiden wollen. Deutschland passt nicht zu den anderen Euro-Ländern.

Realistischerweise bleibt dann doch nur eine Möglichkeit: Deutschland scheidet aus diesem Euro-Verbund aus. Und das heißt, wir bekommen eine klassische Währungsreform. Der Euro verschwindet und es kommt etwas Neues, beispielsweise die Neue Deutsche Mark. Man diskutiert derzeit auch alternative Ansätze, etwa private Geldsysteme. Möglicherweise wird im Zuge dieses Euro-Desasters sogar die Bundesrepublik als Bundesstaat zusammenbrechen und die einzelnen Bundesländer werden ihre eigene Währung einführen. Auch das ist durchaus kein unrealistisches Szenarium.

Wir haben intern in Bezug auf unsere Bundesländer eine ähnliche Problematik wie der Euro-Verbund: Einige Bundesländer kassieren seit Jahrzehnten über den Länderfinanzausgleich, während andere Länder wie Hessen, Baden-Württemberg und Bayern nur am Bezahlen sind. Also kann es durchaus passieren, dass wir nicht nur eine Restrukturierung des Geldes auf der bundesrepublikanischen Ebene bekommen, sondern sogar auf der Länderebene. Das ist aber derzeit eher ein Nebenaspekt, den wir hier nicht weiter vertiefen wollen.

## Neue Deutsche Mark mit Euro-Schnitt

Ich bleibe einfach einmal bei dem Beispiel Neue Deutsche Mark oder Neue Mark. Wie würde das dann konkret aussehen? Der Staat könnte ähnlich wie bei der Währungsreform des Jahres 1948 sagen, ich definiere jetzt einfach unser Geldsystem neu. Ich kann ja als Staat nicht alle Verträge im Einzelnen abändern, also sämtliche Lohnverträge, Mietverträge, Rentenversprechen und so weiter. Einfacher ist es, als Staat ein einziges neues Gesetz zu beschließen, das nur aus einem Satz besteht: Bei allen Privatverträgen, in denen ein Euro-Geldbetrag steht, darf dieses Wort Euro ersetzt werden durch Neue Mark – aber nur bei den privaten Verträgen.

Würde man das bei allen Verträgen machen, also auch bei den staatlichen Verträgen, einschließlich der Geldguthaben, Banknoten und Münzen, dann hätte man am Ende nichts gewonnen. Der Euro hätte nur einen neuen Namen, aber die alten Probleme. Der Staat will ja Teile dieses Euro-Systems, vor allem Teile der Euro-Geldmenge vernichten. Also muss das Gesetz weitergehen, und zwar so wie auch schon 1948. Es muss dann weiter heißen: Wir beschneiden die Geldvermögen, beispielsweise nach der Regel: Jeder, der zehn Euro Geldvermögen hat, oder ein Vielfaches davon, bekommt als Gegenwert für zchn Euro cinc Ncuc Mark. Wcr also 100 000 Euro auf dem Sparbuch hat, der erhält dann dafür nur 10 000 Neue Mark. Hätte er sich aber für diese 100 000 Euro vorher Gold gekauft und das Gold dann anschließend gegen Neue Mark wieder verkauft, dann hat er möglicherweise das Geschäft seines Lebens gemacht.

## Entwertung der Euro-Staatsschulden

Hinzu kommt der zweite für den Staat wichtige Aspekt: Der Staat will bei dieser Gelegenheit auch seine Staatsschuldentitel beschneiden. Er wird die Staatsschulden zwangsläufig in der gleichen Weise wie das Euro-Geld beschneiden. Wer dann eine Schuldverschreibung oder Bundesschatzbriefe über 1000 Euro besitzt, der bekommt das Papier zum neuen Wert umgestempelt. Auf dem Papier steht dann: Istwert oder Nominalwert gleich 100 Neue Mark. Auch hier ist jeder arm dran, der so ein Papier nicht rechtzeitig abgestoßen hat. Er verliert gegenüber allen anderen Vermögensanlagen.

## Plan B: die Parallelwährung

Das eben Erläuterte wäre der Plan A. Ich habe demgegenüber den Plan B vorzuschlagen. Denn aus meiner Sicht ist Plan A riskant, weil der Staat ja willkürlich festlegen muss, wie viel Neue Mark man für zehn Euro bekommt. Es muss ja nicht der Tauschkurs 10:1 sein, es kann auch 10:2 oder 10:3 sein. Wie will man da die richtige Relation festlegen? Bei Plan B ist das etwas einfacher. Hierbei führt man eine Parallelwährung ein. Wir behalten den Euro und führen zusätzlich die Neue Mark ein. Nun wird es mit der Gesetzgebung zum Teil etwas schwierig, denn auch dann muss der Staat sagen, wie wir es mit unseren bestehenden privaten Verträgen handhaben dürfen. Stellen Sie sich vor, Sie haben von einem Onkel ein Darlehen über 50 000 Euro bekommen. Werden daraus jetzt zwangsweise 50 000 Neue Mark? Was ist, wenn der eine Vertragspartner das will und der andere nicht? In einem solchen Falle gibt es also garantiert Schwierigkeiten. Der Staat kann nur in begrenztem Umfang nach Willkür verfahren. Er könnte auch empfehlen, alle privaten Verträge immer einvernehmlich umzuschreiben: Ein Euro wird eine Neue Mark. Arbeitgeber und Arbeitnehmer können sich darauf einigen, die Löhne weiterhin in Euro zu bezahlen. Oder sie schließen gänzliche neue Verträge ab.

Das alles hat gegenüber dem Plan A den großen Vorteil der freiwilligen Vereinbarung von Tauschrelationen. Wie viel dann das alte Euro-Geld noch wert ist, das ergibt sich aus dem Spiel der marktwirtschaftlichen Währungskräfte durch den Wechselkurs zwischen Euro und Neuer Mark. Es kann sein, dass der Wechselkurs danach tatsächlich 10:1 lautet oder aber ganz anders. Das entscheidende Kriterium daran ist: Es gibt keine gesetzliche Vorschrift, wie dieser Wechselkurs zu sein hat. Der ergibt sich aus dem Spiel der Marktkräfte.

Das alles hat vor allem eine angenehme Begleitwirkung für den Staat. Schauen wir dazu auf die Staatsschulden. Wenn jemand beispielsweise einen Bundesschatzbrief über 1000 Euro besitzt, dann kann er sich nicht unbedingt freuen. Der Staat sagt dann sicherlich seinem Gläubiger: Wenn die Anleihe abgelaufen ist, bekommst du auch tatsächlich 1000 Euro zurück. Das ist unproblematisch, denn man kann den Euro ja immer noch frei in Europa handeln. Irgendwo wird die deutsche Regierung zu einem sehr günstigen Kurs Euro mit der Neuen Mark aufkaufen und an den Gläubiger auszahlen können. Wer dann als Gläubiger lieber die Neue Mark möchte, der muss seinen Euro auf dem freien Währungsmarkt zum aktuellen Wechselkurs in Neue Mark umtauschen.

Das Risiko wird so vom Staat weg zum Gläubiger von Staatsschulden verlagert. Der Staat sieht sich nicht dem Vorwurf der Festsetzung willkürlicher Umtauschkurse ausgesetzt. Denn er hat ja kein bestimmtes Umtauschverhältnis wie beim Plan A festgelegt. Dieser Plan B hat insbesondere den Vorteil, dass die Staatsschulden über den neuen schwankenden Wechselkurs mit der neuen Währung stark abgewertet werden.

## Geldvermögen in Sachvermögen umwandeln

Das sind also die beiden Basisvarianten der Währungsreform. Welche Konsequenzen ergeben sich daraus für den Vermögensbesitzer? In beiden Fällen sind sie letztlich gleich: Insbesondere Staatspapiere und Bargeldvermögen verlieren an Wert. Beim festgelegten Wechselkurs in Höhe der unbekannten Festsetzung, bei der Parallelwährung durch die zu erwartende massive Abwertung des Euro in unvorhersehbarer Höhe. Sie als Bürger müssen deshalb Ihr Geldvermögen abbauen und dafür Sachvermögen aufbauen. Sie müssen im Idealfall Ihr gesamtes Geldvermögen in Sachvermögen umwandeln, und zwar möglichst rechtzeitig, solange Sie noch bezahlbares Sachvermögen für Ihr Geldvermögen bekommen. Denn je mehr Geldbesitzer auf diese Idee kommen, umso höher steigen die Preise für Sachvermögen. Zum Schluss zahlen Sie, wenn Sie für Ihr Geld beispielsweise eine Immobilie kaufen wollen, einen extrem hohen Preis dafür. Vier oder fünf Jahre vor dem Zeitpunkt der Währungsreform wäre diese wahrscheinlich erheblich günstiger zu erwerben gewesen.

## Was zum Geldvermögen zählt

Welches Geldvermögen muss man abbauen? Das sind zunächst logischerweise Bargeld und Sichteinlagen bei Banken, also Guthabenbeträge von Privatpersonen auf dem Girokonto oder von Geschäftsleuten auf dem Kontokorrentkonto. Das ist das klassische Geld, das primäre Geld. Hinzu kommen die Spar- und Termineinlagen bei den Banken. Es gibt noch erstaunlich viele Menschen mit Sparbüchern und auch Termineinlagen, bei denen man dann statt 1,5 Prozent Sparbuchzinsen teilweise eben 1,6 Prozent Zinsen bekommt – Zinssätze, die unter der

Inflationsrate liegen. Zum Geldvermögen zähle ich auch die Staatsanleihen. Das, was wir an Staatspapieren haben, ist letztlich deshalb Geldvermögen, weil es nach Ablauf wieder in primäres Geld verwandelt wird. Was ich nicht zu Geldvermögen rechne, das sind Aktien oder ähnliche Investitionspapiere. Das sind nach meiner Definition keine Geldvermögenspapiere, weil der Rücktausch in Geld nicht zwingend ist.

Was aber möglicherweise ebenfalls noch gefährdet ist und üblicherweise auch zum Geldvermögen gezählt wird, das sind die Bank- und Unternehmensanleihen. Bei den Bankanleihen weiß man einfach nicht, was passiert. Unterliegen sie einer gesetzlich vorgeschriebenen Abwertung oder werden sie 1:1 in die neue Währung umgetauscht? Bei einer Währungsreform, egal bei welcher der beiden Varianten, kann zudem die Bank pleitegehen, wenn sie zu viele Staatspapiere hatte. Haben Sie der Bank dann eine Bankanleihe gewährt, dann ist die natürlich verloren. Bei den Unternehmen ist es ähnlich. Bei einer Währungsreform wird es realwirtschaftliche Turbulenzen geben, und man weiß eben vorher nicht, welches Unternehmen überleben wird oder in Konkurs geht. Falls Sie dem Unternehmen eine Unternehmensanleihe gewährt haben, dann ist diese ebenfalls verloren. Aber das kann Ihnen auch mit den Aktienwerten passieren.

Bei allen Anleiheformen gibt es eine gemeinsame Problematik: Insofern Sie eine Anleihe gezeichnet haben, dann läuft diese irgendwann aus. Wenn Sie keine Wandelanleihe haben, etwa Unternehmensanleihen in Aktien umgetauscht werden können, dann bekommen Sie Geld zurück und dieses Geld erhalten Sie möglicherweise einen Tag vor der Währungsreform. Dann können Sie damit allerdings nichts mehr anfangen, weil einfach keine Zeit mehr bleibt, um Sachanlagen zu kaufen. Man muss also streng darauf achten, wie lange die Anleihen noch laufen. Sollte es eine sehr lange Zeit sein, dann gilt das Gleiche wie bei den kapitalgedeckten Lebensversicherungen: Finger weg!

## Höhe der Geldvermögen und Staatsanleihen

Beim Thema »Geldvermögen« sollte man sich zunächst klarmachen, was für Beträge dahinterstehen. Wenn wir allein das reine Bargeld und das Spareinlagenvermögen einschließlich Termineinlagen betrachten, dann ist festzustellen, dass von 1991 (dem Jahr eins des Maastricht-Vertrages) bis zum Jahr 2011 (nach 20 Jahren Maastricht-Vertrag) dieses Geldvermögen in Deutschland auf 2,3 Billionen Euro angestiegen ist. Das sind 2300 Milliarden! (Abb. 3)

Diese Summe ist weitaus mehr, als wir Anfang 2012 insgesamt an Staatsschulden hatten. Es kann natürlich bei Regierun-

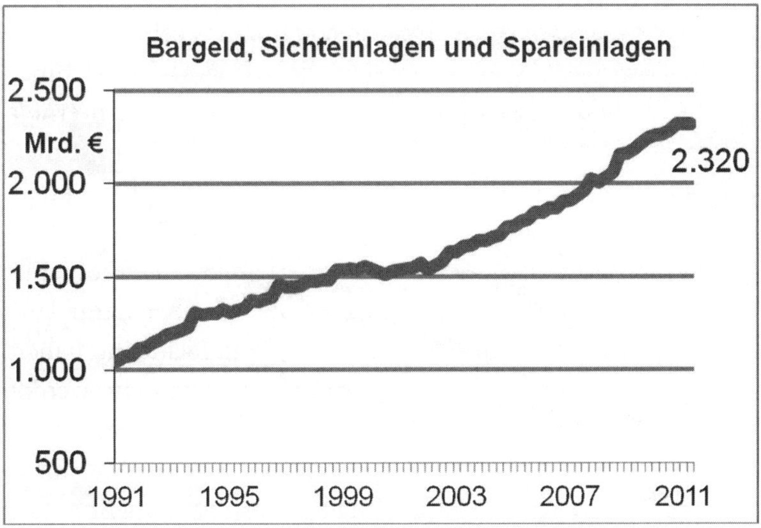


*Abb. 3: Entwicklung des primären Geldvermögens (Quelle: Deutsche Bundesbank, Statistische Reihen, eigene Berechnung der Summen).*

gen durchaus die Begehrlichkeit wecken, dieses Geld einzusetzen, um den Staat zu entschulden.

Das private Geldvermögen als potenzielle Finanzierung der Staatsverschuldung ist eine brandgefährliche Angelegenheit, insbesondere wenn es künstlich hochgerechnet wird. Dazu ein wichtiger Hinweis: Wenn Sie in der Presse Veröffentlichungen zum Geldvermögen sehen, dann wird in der Regel behauptet, die Deutschen hätten ein Geldvermögen von circa 4,6 Billionen Euro. Dabei ist allerdings alles zusammengezählt – unter anderem auch der Aktienbesitz, der in meinen Augen kein Geldvermögen im eigentlichen Sinne darstellt. Falls Sie das Geldvermögen im Sinne des Währungsreformrisikos betrachten, dann kommen Sie »nur« auf die oben erwähnten 2,3 Billionen Euro.

Bei den Staatsanleihen sind folgende Zahlen zu beachten: Privatanleger und Lebensversicherungsgesellschaften halten

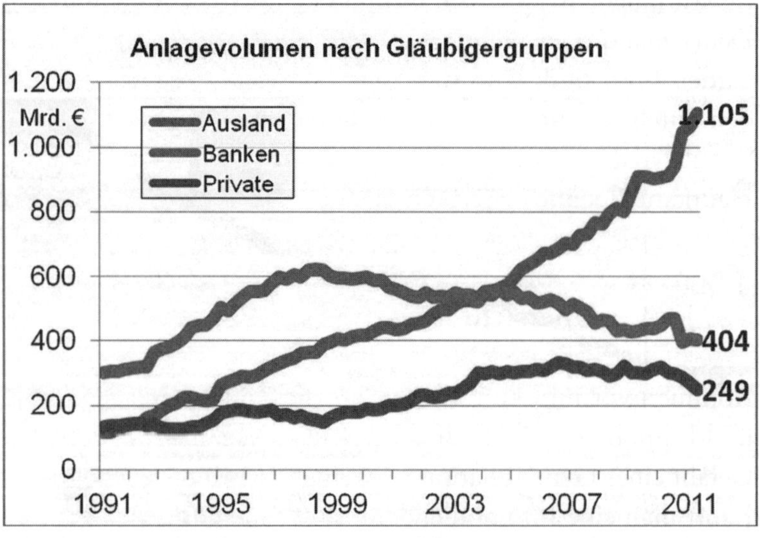


*Abb. 4: Entwicklung der deutschen Staatsanleihen nach Gläubigergruppen (Quelle: Deutsche Bundesbank, Monatsberichte).*

momentan einen Gesamtbetrag von 249 Milliarden Euro an Staatspapieren.

Dabei handelt es sich um die durch die Währungsreform gefährdeten Papiere. Nebenbei zeigen sich diesbezüglich zwei ganz interessante Entwicklungen. Bis kurz vor Einführung des Euro hatten die Banken noch verstärkt Staatspapiere gekauft. Als dann der Euro da war, zogen sie sich konsequent aus dieser Anlageform wieder zurück. Parallel dazu hatten Ausländer vermehrt in deutsche Staatspapiere investiert, und zwar ab 1991 stetig steil ansteigend. Ihre Investitionen stiegen von damals etwa 160 Milliarden Euro auf heute mehr als 1100 Milliarden Euro an. Im Klartext: Mehr als die Hälfte (fast 60 Prozent) unserer deutschen Staatsschulden werden von ausländischen Institutionen oder von ausländischen Privatpersonen gehalten. Keiner weiß genau, welcher Staat und welche Institution dahinter stecken. Sind es Regierungsinstitutionen oder private Institutionen? Können sie Einfluss nehmen auf die Politik in Deutschland oder nicht? Fest steht, dass es aktuell 1100 Milliarden Euro sind. Und wenn man die deutschen Staatsschulden durch eine deutsche Währungsreform kräftig beschneiden könnte, dann ist das natürlich insofern verlockend, weil der Hauptanteil keine deutschen Staatsbürger betrifft.

## Übersicht über die Sachanlagen

Kommen wir nun kurz zu den möglichen Sachanlagen. Gold und Immobilien bilden die klassischen Sachanlagen, wenn die Gefahr einer Hyperinflation oder einer Währungsreform droht. Kauft man eine Immobilie, dann sollte auch die private Situation dafür sprechen, beispielsweise wenn man noch keinen eigenen Wohnraum besitzt. Als reine Kapitalanlage ist zu beachten, dass Immobilien – wie der Name schon sagt – immobil sind. Man kann sie nicht wie Gold oder Edelsteine, wenn die politischen Umstände kritisch werden, in den Rucksack packen und damit ins Ausland flüchten. Immobilien bergen das Risiko, dass eine künftige Regierung auf die Idee kommen könnte, die Immobilieneigentümer am Abbau der Staatsschulden zu beteiligen – etwa mit einer Sondersteuer auf Immobilien. Dann will man sie möglicherweise sehr schnell wieder loswerden, aber dies ist bei Immobilien kaum ohne großen Verlust möglich. Zudem gilt: Immobilien sind zwar immobil, aber in ihrer Substanz nicht unveränderlich, wie etwa das Gold. Immobilien sind einem gewissen Verfall ausgesetzt. Sie sind nicht wertbeständig, wenn man sie nicht ständig pflegt. Immobilien sind also nur mit Einschränkung eine dauerhafte Sachanlage.

Eine andere wichtige Sachanlage ist die Investition in Produktionskapital, etwa in Form einer Unternehmensbeteiligung. Dazu zähle ich insbesondere die Substanzaktien, Aktien von soliden Unternehmen mit hohem Bestand an Produktionskapital. Das ist auch der Grund dafür, warum ich Aktien eben nicht zum Geldvermögen rechne. Aktien sind eine Sachanlage, es handelt sich bei ihnen um ein Sachvermögen. Der Wert der Aktie spiegelt den Besitzstand an Produktionskapital eines Unternehmens wider: Maschinen, Gebäude, Patente und ähnliche Sachwerte.

Weiterhin haben wir als Sachanlagen noch die Edelmetalle. Dazu gehört nicht nur Gold. Es können auch andere Materialien sein, beispielsweise Rohstoffe wie die berühmten Seltenen Erden. All dies kann als Kapitalanlage in Krisenzeiten empfehlenswert sein.

Abschließend müssen wir bei Sachinvestitionen auch an Devisen und Auslandsanlagen denken – beispielsweise Deviseninvestitionen in den Schweizer Franken. Kursschwankungen werden wir dabei immer haben. Dieses Risiko wird bleiben. Solange die Schweizer Zentralbank allerdings versucht, den

Schweizer Franken künstlich billig zu halten, weil sie kein ungünstiges Wechselkursverhältnis zum Euro haben will, solange subventionieren die Schweizer den Kauf von Schweizer Franken. Falls die Schweizer das einmal nicht mehr machen, könnte der Kurs noch höher steigen. Somit ist der Kauf von Schweizer Franken zurzeit günstig.

Auslandsanlagen sind auch Immobilien oder Unternehmensbeteiligungen im Ausland. Sollten Sie solche Auslandsanlagen oder generell Devisenkäufe als Sachanlage ins Auge fassen, dann denken Sie daran, dass Sie möglicherweise Ihre Anlageerträge oder Ihre Vermögensauflösung in dem entsprechenden Land auch später konsumieren müssen. Wer nur darauf aus ist, Geldvermögen ins Ausland zu retten, um es nach einer Währungsreform wieder nach Deutschland zu holen, der lebt ständig mit der Gefahr eines ungünstigen Wechselkurses. Außerdem könnte es in der kommenden Zeit durchaus Einschränkungen beim Devisentransfer geben. Wer sich gern in der Schweiz aufhält und vorstellen könnte, eine bestimmte Anzahl von Jahren dort zu leben, für den ist eine Investition in Schweizer Franken zu empfehlen.

## Wie viel Zeit bleibt?

Wie schnell muss man nun handeln? Man hat durchaus etwas Zeit. Man sollte keinesfalls sofort das gesamte Geld abheben, dann blind die erste Immobilienanzeige aufgreifen und die Immobilie kaufen. Sicher ist aber auch: Je länger man wartet, umso größer wird das Risiko, von der Währungsreform überrollt zu werden.

Um abschätzen zu können, wie die Gefahr zunimmt, dass in den kommenden Jahren eine Währungsreform vollzogen wird, habe ich eine Wahrscheinlichkeitskurve erstellt (Abb. 5):

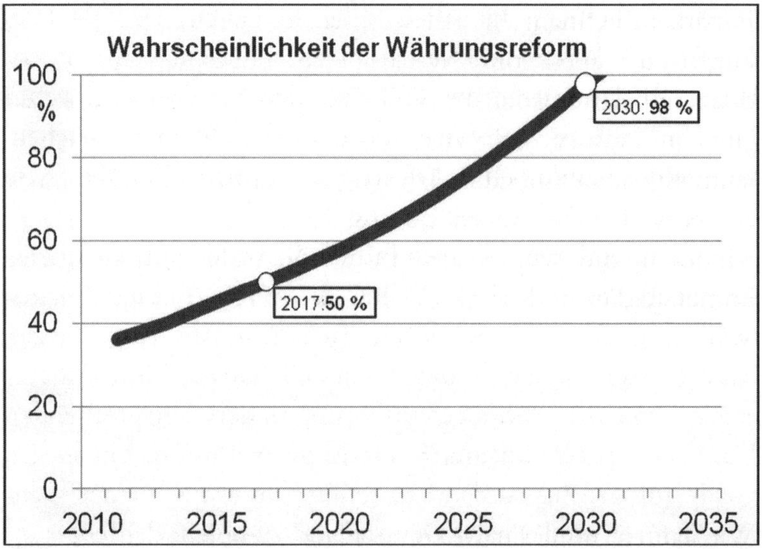


*Abb. 5: Wahrscheinlichkeit der Währungsreform (Quelle: Eigene Berechnung, Datengrundlage: Statistisches Bundesamt).*

Die Wahrscheinlichkeit, dass es 2011 zu einer Währungsreform hätte kommen können, lag demnach bei etwa 35 bis 38 Prozent. Im Jahr 2017 haben wir schon eine Wahrscheinlichkeit von 50 Prozent erreicht. Von diesem Jahr an ist die Wahrscheinlichkeit, dass die Währungsreform in dem Nachfolgejahr stattfindet, größer als die Wahrscheinlichkeit, dass sie nicht stattfindet. Die 100-Prozent-Wahrscheinlichkeit erreichen wir im Jahr 2031. Bis dahin wird also der Euro mit Sicherheit durch eine neue Währung abgelöst oder ergänzt.

Diese Berechnung basiert im Wesentlichen auf der zunehmenden Belastung durch die demografische Entwicklung, die wir in Deutschland zu erwarten haben. Wir verzeichnen einen steigenden Druck auf die nachfolgenden Generationen, die aufgetürmten Schulden loszuwerden und natürlich auch die damit verbundene Euro-Währung. Der Druck wird zunehmen, je stärker die finanzielle Belastung dieser Generationen ist. Die künftigen Generationen werden nicht nur durch den Schuldenberg belastet, sondern auch zunehmend durch eine immer ältere und zahlenmäßig zunehmende Generation, die von zahlenmäßig abnehmenden Jahrgängen versorgt werden muss. Dabei wollen die jungen Leute selbst doch auch noch eigene Kinder in die Welt setzen. Diese Dreifachbelastung wächst immer stärker und damit der Druck auf die Politik, mit einer Währungsreform den Schuldenabbau vorzunehmen.

## Rettungsstrategien

Wie lauten nun die Rettungsstrategien? Ich empfehle jetzt nicht: Zehn Prozent Gold, 40 Prozent Immobilien und 30 Prozent in Aktien und den Rest ins Ausland zu schaffen. Eine starre Aufteilung zu empfehlen wäre unseriös. Sie müssen allerdings bestimmte Aspekte bei Ihrer ganz persönlichen Rettungsstrategie beachten.

Der erste Aspekt ist die individuelle Optimierung. Jede persönliche Situation ist anders. Deshalb gibt es auch keine Patentrezepte. Die Individualität hängt beispielsweise von der Vermögenshöhe ab. Große Vermögen können in differenziertere Sachwerte strukturiert werden. Hier können auch eher fünf oder zehn Prozent in Gold anlegt werden als bei kleineren Vermögen. Wer ein Vermögen von 40 Millionen Euro besitzt, der plant anders als jemand mit 40 000 Euro, denn da lohnt eine fein strukturierte Vermögensaufteilung kaum. Die individuelle Optimierung hängt auch von der Einkommensentwicklung ab. Wer weiß, dass er für den Rest seines Lebens keine großen Zusatzeinkommen haben wird und nur eine kleine Rente, aber durchaus hohe Rücklagen gebildet hat, der muss anders kalkulieren als jemand, der am Anfang seiner beruflichen Karriere steht und über beste Einkommensaussichten, aber noch nicht über Vermögensrücklagen verfügt. Viele vergessen auch die Bedeutung der künftigen Ausgabenpläne. Welche Konsumausgaben stehen noch an? Will man etwas vererben? Wer Kinder und Enkelkinder hat, der strukturiert sein Vermögen anders als jemand, der als Single lebt und sein Restvermögen dem Staat hinterlassen wird.

## Grundregeln beachten

Bei der Rettungsstrategie gilt aber nicht nur die oberste Grundregel: individuell optimieren. Vorher sollte man sich zum Beispiel gründlich informieren. Es gibt viele Vermögensbesitzer, die sich nicht selbst informieren. Sie vertrauen stattdessen dem Berater einer Bank, geben ihm ihr ganzes Geld. Sie vergessen dabei, dass diese »Berater« letztlich Verkäufer sind, die oft ganz bestimmte Produkte anpreisen müssen. Der Kunde wird dabei vielleicht auch Vermögenserträge erzielen, mit Sicherheit wird aber der »Berater« (das heißt der Verkäufer) seinen eigenen Ertrag kassieren, selbst bei verlustbringenden Anlagen. Wer sich nicht die Arbeit macht, sich selbst über Kapitalanlagen zu informieren, der kann sein Vermögen nicht optimal strukturieren.

Zudem benötigt man Selbstvertrauen. Viele Anleger haben Angst vor Vermögensanlagen, finden sie zu kompliziert. Sie fühlen sich überfordert und vertrauen ganz und gar ihrem »Berater«. Das ist falsch. Allein mit dem eigenen gesunden Menschenverstand kann man viele Fehler eines Beraters erkennen und vermeiden. Wer über gesunden Menschenverstand verfügt, der würde sich niemals faule Papiere von *Lehman-Brothers* aufschwatzen lassen, die angeblich eine wahnsinnig hohe Rendite abwerfen und kein Risiko besitzen. Der gesunde

Menschenverstand hätte jedem Bürger, dem solch ein Angebot unterbreitet wurde, sofort sagen müssen: Das passt doch nicht zusammen. Es gilt stets: Entweder hohe Rendite und hohes Risiko oder wenig Risiko und geringe Rendite. Selbstvertrauen ist in finanziellen Dingen extrem wichtig. Man kann einem Bankberater ruhig widersprechen und muss ihm nicht blind vertrauen.

Zudem sollte man jedes Risiko streuen: Wer alles auf eine Karte setzt, der kann genauso gut ins Spielkasino gehen und Roulette spielen. Wer viele verschiedene Vermögensanlagen hat, der kann einzelne Fehlschläge verkraften, weil er noch über andere Anlageformen verfügt, die gut waren. Wer nicht streut, der fährt volles Risiko – auch das volle Risiko des totalen Verlustes.

Wichtig ist schließlich die ständige Überprüfung der getroffenen Entscheidungen. Eine Entscheidung, die Sie einmal getroffen haben, muss nicht für alle Ewigkeit die richtige sein. In der Zwischenzeit können Entwicklungen eingetreten sein, die eine Umstrukturierung Ihrer Vermögensanlage erfordern.

## Gefahren erkennen und vermeiden

Bei der Vermögensanlage ist das Erkennen und Vermeiden von Gefahren überlebensnotwendig. Skepsis und Misstrauen sind zum Beispiel bei Angeboten des Staates angebracht. Die Riester-Rente ist beispielsweise überwiegend als schlechte Anlage zu bewerten. Sie wurde von Politikern erfunden, die wegen der miserablen Aussichten der gesetzlichen Rentenversicherung ihre Haut retten wollen. Sie ist schlicht unsinnig, weil sie dem Risiko des Vermögensverlustes bei einer Währungsreform voll ausgesetzt ist, und garantiert allein dem Vermittler sicheren Gewinn.

Misstrauen Sie auch den Banken. Das heißt nicht, dass man nicht auch einmal einen Ratschlag von einem Bankberater einholen soll. Es heißt auch nicht, dass alle Bankberater Betrüger sind. Aber die Bankberater verfolgen in erster Linie das Ziel, ihre eigenen Produkte zu verkaufen und nicht auf den Kunden spezifisch zurechtgeschnittene Lösungen zu erarbeiten, die möglicherweise die Anlage in Konkurrenzprodukten oder bankfremden Anlagen erfordern.

Seien Sie vorsichtig bei einseitigen Spezialisten, die Ihnen nur ein einziges Produkt empfehlen. Wer sich mit Vermögensanlagen befasst, der muss ein breites Spektrum von Möglichkeiten beachten, aus denen er auswählen kann. Extreme Vorsicht ist außerdem bei »kostenloser Beratung« geboten. Kostenlose Beratung wird heute vielfältig angeboten. Aber wovon lebt denn der Berater? Er braucht doch auch ein Einkommen. Das bezieht er dann von jemand anderem – und zwar von dem, dessen Produkte er Ihnen anbietet. Besser ist eine Beratung auf Honorarbasis. Dann wissen Sie, dass der Berater seine Entlohnung von Ihnen erhält. Der Berater ist dann nur Ihnen verpflichtet und kann Sie fair beraten.

## Humankapital nicht vergessen!

Eine wichtige Vermögensanlage, die man keinesfalls vergessen sollte, ist die Investition in Humankapital. Was bedeutet das? Keinesfalls eine unsittliche Vermischung von Menschlichkeit und kaltem Materialismus! Wir Ökonomen verstehen unter Humankapital ein besonders wichtiges und bedeutendes Vermögen, gerade im Vergleich zum dinglichen Sachkapital. Das ist das Kapital, das Sie persönlich für sich ansammeln können, ohne dass es Ihnen jemand wegnehmen kann. Insbesondere kann der Staat Sie bei diesem Kapital nicht enteignen.

Investitionen in Ihre Gesundheit, für den Partner, für die Kinder – das ist etwas, was Ihnen so schnell niemand mehr wegnehmen kann. Gesundheit ist nicht nur in produktiver Hinsicht zur Erhaltung Ihrer Arbeitskraft wichtig, sondern vor allem für Ihr eigenes Wohlbefinden. Gesundheit ist ein Vermögenswert, der nicht einer inflationären Entwertung unterliegt. Das Gleiche gilt für Bildung. Investieren Sie in Ihre eigene Bildung oder in die Bildung Ihrer Kinder und Enkelkinder, indem Sie ihnen etwa ein Studium finanzieren. Bildung unterliegt allerdings schon einer gewissen Verfallsgefahr. Bedenken Sie die alte Weisheit: Man lernt nie aus. Das Humankapital Bildung erfordert also ständige Ersatzinvestitionen.

Investieren Sie zudem in soziale Kontakte. Die uns umgebende Welt wird immer kälter. Die kommenden großen wirtschaftlichen Schwierigkeiten werden das Problem noch verschärfen. Wohl dem, der dann viele soziale Kontakte besitzt. Wer einen weiten Freundeskreis hat, eine gepflegte Nachbarschaft, der hat einen Reichtum, der kaum angreifbar ist. Auch da kann man Geldvermögen investieren und seine humane Vermögenssicherung ausweiten.

Nicht zuletzt aber empfehle ich Ihnen: Investieren Sie in den höheren Sinn für die nicht materiellen Werte des Lebens, in den Erwerb von Lebensweisheit. Das ist etwas mehr, als einmal ein Buch von Konfuzius zu lesen. Lebensweisheit bedeutet auch, sich innerlich auf die kommende Lage einzustellen und ein inneres seelisches Gleichgewicht aufzubauen. Bescheidenheit und Respekt vor dem Lebensschicksal sind hilfreiche Grundlagen für die kommenden schweren Jahre. Investieren Sie auch ruhig in Ihren transzendentalen Glauben, in Religion. Dabei bietet gerade das Christentum einen Glauben, der das Freiheitsideal des Menschen und seine individuelle soziale Verantwortung am höchsten einschätzt. Eben dieses Freiheitsideal ist in unserer Gesellschaft in den vergangenen Jahrzehnten zunehmend in Vergessenheit geraten. Die an seine Stelle getretene sozialistische Durchdringung unserer Gesellschaft mit dem Irrglauben des allmächtigen sozialen Wohlfahrtsstaates hat uns doch in die heutige miserable Situation gebracht. Die Freiheit ist ein Gut, dessen Wert wir alle wieder richtig einschätzen müssen. Denn mit der Währungsreform allein ist es nicht getan. Wir müssen auch unser Wirtschaftssystem und vor allem unser Gesellschaftssystem insgesamt reformieren.

# Ausblick: Gebt uns unsere D-Mark zurück!

Dr. Udo Ulfkotte

Spätestens seit 2012 will die Mehrheit der Deutschen wieder die D-Mark zurück. Immer mehr Menschen erkennen jetzt, was ihnen der Euro beschert hat. Rund 60 Prozent bekunden jedenfalls bei repräsentativen Umfragen, kein Vertrauen mehr in den Euro zu haben. Die D-Mark stand über viele Jahrzehnte hin für den Wiederaufstieg nach dem Zweiten Weltkrieg, für Stabilität, für Wirtschaftswachstum und vor allem für Wohlstand. Millionen Menschen trauern ihr inzwischen nach, denn die Versprechungen der Politiker, denen zufolge der Euro ebenso stabil sein werde wie einst die D-Mark, haben sich längst in Luft aufgelöst.

Schon vor der Einführung des Euro begann eine Propagandaaktion, die man in Europa seit dem Zweiten Weltkrieg nicht mehr gesehen hatte. Die Propagandamaschine hämmerte uns Tag für Tag ein: Wer die alten nationalen Währungen behalten wolle und das neue Geld nicht begeistert begrüße, der sei kein guter Europäer. Deshalb jubelten Millionen von geschickt beeinflussten Menschen dem neuen Geld zu. Die Folgen sind heute weithin bekannt. Inzwischen drohen in Europa Staatsbankrotte und der wirtschaftliche Ruin. Im Dezember 2011 vermeldete das US-Wirtschaftsfachblatt *Wall Street Journal* eine Sensation, die in europäischen Medien weitgehend verschwiegen wurde: Die europäischen Notenbanken haben heimlich Notfallpläne für den absehbaren Zusammenbruch der Euro-

Währungsunion erarbeiten lassen. Selbst die Europäische Zentralbank (EZB) glaubt inzwischen nicht mehr an die dauerhafte Zukunft des Euro. Doch so offen will das keiner sagen. Wann also bekommen wir wieder eine stabile Währung?

Während viele sich auf die mögliche Rückkehr zur D-Mark oder die Einführung einer anderen neuen stabilen Währung freuen, zittern Banken vor dem Euro-Zusammenbruch. Denn die Einlagen bei den Banken müssten dann wieder in D-Mark oder eine gegenüber dem Euro stabile Währung umgewandelt werden. Die Bilanzen der Banken gerieten beim Euro-Zusammenbruch jedenfalls sofort ins Wanken: Schließlich würden ihre Forderungen weiterhin in (weichen) Euro bestehen, während Verbindlichkeiten nun größtenteils in (harten) Mark oder einer anderen stabilen neuen Währung anfielen. Auch die Versicherer müssten ihre Leistungen in D-Mark oder der neuen Währung erbringen, während sie ihr Kapital aber oftmals in Anleihen der nun schwächeren Euro-Währung angelegt hätten – meist auch noch in Bankpapieren. So sind denn nicht alle begeistert, wenn die D-Mark wieder eingeführt würde.

Jeder Bürger muss sich jetzt mit den Folgen des absehbaren Zusammenbruchs der gescheiterten Euro-Währung befassen, denn nicht nur ältere Menschen, die wohlhabend sind, haben viel zu verlieren. Auch Jüngere, die erst noch Vermögen aufbauen wollen und am Beginn ihres Berufslebens stehen, müssen ein großes Interesse an finanziell stabilen Verhältnissen haben. Tatsache ist: 58 Prozent der Deutschen machen sich heute große Sorgen um ihre Ersparnisse, 68 Prozent bezweifeln, dass die ständig neuen Rettungspakete den Euro wirklich stabilisieren können. Und dass der schlimmste Teil der Krise noch bevorsteht, das glauben jetzt mehr als 80 Prozent der Deutschen – mehr als je zuvor.

Fast alle großen deutschen und österreichischen Unternehmen haben inzwischen Vorsorge für den Fall der Fälle getroffen:

das Ende des Euro oder das Auseinanderbrechen der Euro-Zone. Alle renommierten Wirtschaftsprofessoren sagen den Ausstieg eines oder mehrerer Länder aus der Euro-Zone voraus. Die Deutsche Bundesbank verfügt über einen »Plan B«, der auch die mögliche Rückkehr zur alten Währung vorsieht. Man muss sich nun mit den in diesem Buch geschilderten möglichen Szenarien auseinandersetzen und Konsequenzen daraus ziehen.

**Dr. Bruno Bandulet**, Jahrgang 1942, war Mitglied der Chefredaktionen von *Quick* und *Die Welt*, schrieb als Autor für *Transatlantik* und *Zeitbühne* und ist seit 1979 Herausgeber des auf Edelmetalle und Devisen spezialisierten Finanzdienstes GOLD & MONEY INTELLIGENCE. Darüber hinaus gründete er im Jahr 1995 den politischen Hintergrunddienst *DeutschlandBrief*, der seit 2009 als regelmäßige Kolumne im liberalen Monatsmagazin *eigentümlich frei* erscheint.

Dr. Bruno Bandulet gilt seit Langem als führender bankenunabhängiger Goldexperte im deutschsprachigen Raum, pflegt intensive internationale Kontakte und hielt Vorträge in neun Ländern, darunter in den USA und Kanada.

Im Kopp Verlag veröffentlichte er die Bücher *Das geheime Wissen der Goldanleger* sowie *Die letzten Jahre des Euro*.

Homepage: *www.bandulet.de*

**Prof. Dr. Wilhelm Hankel** (geboren 1929 in Danzig) studierte nach dem Krieg Volkswirtschaftslehre in Mainz und Amsterdam; 1953 beendete er sein Studium mit dem Dr. rer. pol. Er arbeitete bei der Bank deutscher Länder (Vorgängerin der Deutschen Bundesbank), im Bundesministerium für wirtschaftliche Zusammenarbeit und im Auswärtigen Amt. 1957 wurde er Chef-Volkswirt der Kreditanstalt für Wiederaufbau, 1967 holte ihn Karl Schiller als Ministerialdirektor ins Bundeswirtschaftsministerium, wo er die Abteilung Geld und Kredit leitete; 1972 wurde er Präsident der Hessischen Landesbank. Ab 1975 lehrte er als Gastprofessor an den US-Universitäten *Harvard, Georgetown* und *Johns Hopkins,* ab 1978 an der *School for Advanced International Studies* (S. A. I. S.) im italienischen Bologna. Bereits 1972 hatte ihn die Universität Frankfurt zum Honorarprofessor für Währung und Entwicklung berufen. Bis 1976 war er Währungsberater der EG-Kommission in Brüssel, seitdem in über 20 ausländischen Staaten und Regionen in ähnlicher Funktion tätig, darunter Russland, China, Mittelamerika und in der arabischen Welt, derzeit in Syrien und dem Irak. Er hat 15 Bücher verfasst, die beiden letzten sind *Die Euro-Lüge* (3. Auflage, Wien 2010) und *Geldherrschaft* (Weinheim 2011). Im Kopp Verlag gibt es auf DVD *Was kommt nach dem Euro? Finanzkrise, Crash und Neubeginn* sowie das gemeinsam mit W. Nölling, K. A. Schachtschneider, D. Spethmann und J. Starbatty verfasste Buch *Das Euro-Abenteuer geht zu Ende.*

Homepage: *www.dr-hankel.de*

**Prof. Dr. Bernd-Thomas Ramb** wurde 1947 in Kassel geboren, ist verheiratet und hat fünf Kinder sowie vier Enkelkinder.

Das Studium der Mathematik, Physik und Wirtschaftswissenschaft erfolgte in Gießen und Marburg. Diplom-Mathematiker (1972), Doktor der Wirtschaftswissenschaften (1975), Habilitation für Volkswirtschaftslehre (1984), außerplanmäßiger Universitätsprofessor für Volkswirtschaftslehre an der Universität Siegen.

Prof. Dr. Ramb ist zudem als selbstständiger Unternehmer in Linden bei Gießen (Schwerpunkte: wirtschaftswissenschaftliche Beratung, volkswirtschaftliche Analysen und Vermögens-Coaching) und als Wirtschaftsjournalist tätig.

Seine Forschungsgebiete sind: Allgemeine Volkswirtschaftslehre, Geldtheorie und Geldpolitik, ökonomische Verhaltenstheorie sowie politische Ökonomie der Europäischen Union.

Ausgewählte Veröffentlichungen: *Der Zusammenbruch unserer Währung*, 9. Auflage, WPR-Verlag, Hamburg 2011; *Vor der nächsten Währungs-»Reform«, Dossier zur deutschen Staatsverschuldung*, Herausgeber: Die Deutschen Konservativen, Hamburg 2005; »Braucht der EU-Binnenmarkt eine Währungsunion?«, in: F.-U. Willeke (Hrsg.), *Die Zukunft der D-Mark*, Olzog-Verlag, München 1997; *Die ökonomische Logik des menschlichen Verhaltens* (Hrsg. mit Manfred Tietzel), Vahlen, München 1993; »Rentenreformgesetz 1992: Sind die langfristigen Probleme der Alterssicherung gelöst?«, in: B. Leben (Hrsg.), *Sozialpolitik in der Sozialen Marktwirtschaft, Berichte und Studien der Akademie für Politik und Zeitgeschehen*, München 1990; *Krise der Ökonomie* (Hrsg.), Accedo, München 1989; *Grundlagen der Wirtschaftspolitik*, Oldenbourg, München–Wien 1987.

Homepage: *www.ramb.de*

**Prof. Dr. iur. Karl Albrecht Schachtschneider,** als Sohn eines Pfarrers 1940 in Pommern geboren, hat die Staatsexamina in Berlin abgelegt, in Berlin promoviert und in Hamburg für das Staats-, Verwaltungs- und Wirtschaftsrecht habilitiert. Er war Rechtsanwalt in Berlin, hat als Professor für Wirtschaftsrecht in Berlin und Hamburg sowie öffentliches Recht in Göttingen und Kiel gelehrt und ist emeritierter ordentlicher Professor des öffentlichen Rechts in Erlangen/Nürnberg. Er lebt jetzt mit seiner Frau wieder in Berlin. Seine Arbeitsgebiete sind die Freiheits-, Rechts- und Staatslehre (kantianisch); Verfassungs-, Verwaltungs- und Wirtschaftsrecht; Europäisches Verfassungs- und Wirtschaftsrecht; Weltwirtschaftsrecht; Sozialrecht, Staatsunternehmensrecht; Arbeitsverfassungsrecht; Geld- und Währungsrecht; Medienrecht; Steuerverfassungsrecht.

Er hat außer etwa 200 Aufsätzen 26 rechtswissenschaftliche Bücher veröffentlicht, u. a.: *Das Sozialprinzip*, 1974; *Staatsunternehmen und Privatrecht*, 1986; *Res publica res populi, Grundlegung einer Allgemeinen Republiklehre*, 1994; *Anspruch auf materiale Privatisierung*, 2005; *Freiheit–Recht–Staat, Aufsatzsammlung*, 2005; *Prinzipien des Rechtstaates*, 2006; *Freiheit in der Republik*, 2007; *Verfassungsrecht der Europäischen Union, Teil 2: Wirtschaftsverfassung mit Welthandelsordnung*, 2010; *Grenzen der Religionsfreiheit am Beispiel des Islam*, 2010, 2. Auflage 2011. Gemeinsam mit W. Hankel, W. Nölling und J. Starbatty: *Die Euro-Klage*, 1998, und: *Die Euro-Illusion*, 2001. Im Kopp Verlag veröffentlichte er zusammen mit W. Hankel, W. Nölling, D. Spethmann und J. Starbatty das Buch *Das Euro-Abenteuer geht zu Ende* (2011). Er hat u. a. Verfassungsprozesse von europäischer Bedeutung geführt: Maastricht, 1992/93; Altschulden, 1996; Euro, 1998; Verfassungsvertrag, 2005 ff.; Lissabon-Vertrag, 2008 f.; Griechenlandhilfe/Rettungsschirm, 2010.

Homepage: *www.KASchachtschneider.de*

**Dr. Udo Ulfkotte** studierte Kriminologie, Islamkunde und Politik. Er unterrichtet heute als Hochschullehrer in San Francisco Sicherheitsmanagement. Zuvor lehrte er viele Jahre lang im Fachbereich Betriebswirtschaft an der Universität Lüneburg. Von 1986 bis 2003 arbeitete er auch für die *Frankfurter Allgemeine Zeitung* und analysierte Bürgerkriegsgebiete. Er ist Fellow des *Marshall Memorial Fund* der Vereinigten Staaten, war im Planungsstab der Konrad-Adenauer-Stiftung, war Referent der Bundesakademie für Sicherheitspolitik und ist Preisträger des Staatsbürgerlichen Preises der Annette-Barthelt-Stiftung.

Dr. Udo Ulfkotte begleitete viele Jahre berufsbedingt Bundeskanzler, Außenminister und Bundespräsidenten auf Auslandsreisen und unterhielt enge Kontakte zu westlichen Geheimdiensten. Er hatte bislang sechs Hausdurchsuchungen wegen des Verdachts auf Verrat von Dienstgeheimnissen, weil er die Öffentlichkeit über Dinge unterrichtete, die nach Auffassung von Politik und Behörden eher geheim bleiben sollten. In zahlreichen Büchern, die Bestsellerauflagen erreichten (etwa *Der Krieg in unseren Städten, Vorsicht Bürgerkrieg!* und *Europa vor dem Crash*) hat er über die von den Medien häufig beschönigte politische und wirtschaftliche Entwicklung aufgeklärt.

Dr. Ulfkotte ist spezialisiert auf Fragen der Zukunftssicherung. Er kann über *udo@ulfkotte.de* für Vorträge und Diskussionsveranstaltungen kontaktiert werden.

Homepage: *www.ulfkotte.de*